5分で聞き手の心を動かす技術

最強のプレゼン

目次

3章 聴衆を引きつける――『ハムレット』に学ぶ問いかけ・対話のコツ

4章　壇上での効果的な発声、目線、身振りと失敗をリカバーするルール

5章　自分に〝なりきる〟ための自己分析──「らしさ」の演出方法

6章　5分で伝わる最高の構成力——時間を味方につける

7章　プレゼン実況中継——こんなに上達した!

8章　質疑応答に強くなる――臨機応変に受け答えする話術

著者・小峯隆生（筑波大学非常勤講師）

まえがき

筑波大学大学院図書館情報メディア研究科　教授　逸村 裕

世はプレゼンテーションばやり。ビジネスや大学でも「プレゼン」は大モテである。テレビやインターネット、書店を覗いても、プレゼンスキルの指南で溢れている。その中で本書は、一風変わった実践の書である。パワーポイントの作り方といった話はいっさい出てこない。なぜこういう構成になったのか。本書は2012年にスタートした筑波大学大学院共通科目「異分野コミュニケーションのためのプレゼンテーションバトル」をもとに、小峯隆生がまとめたものである。

小峯隆生といえば中年男性世代には懐かしい名前であろう。深夜テレビの司会やラジオパーソナリティでの活躍を覚えている方も多いはずだ。またジェームス・キャメロン監督の映画『ターミネーター2』で無残に撃ち殺されるシーンも演じている。これは米国ではメディア論の教材になっていると聞いた。「だって何にも悪いことしていないアジア人が、コーラを買っているだけで戦いに巻き込まれてみじめに射殺されるのよ！　そんなひどいストーリーがあって⁉」。

そんな小峯隆生がプレゼンテーションの本を著した。それも動画付きで。なんだこれは？とお思いの方もいるだろうから、丁寧に説明しておく。元々この授業は2008年にスタートした、本書「あとがき」執筆の三波先生と私・逸村の大学院授業「異分野学生の協働によるコンテンツ開発演習Ⅱ　サイエンスコミュニケーションのためのコンテンツ試作」という硬い名称だった。「競争的資金」によるグッドプラクティスを目指したもので、3年間続いた。なお、この授業で開花した一人が、落合陽一筑波大学助教（当時筑波大学情報学群情報メディア創成学類在学中）、学部2年生なのに受講を申し込んできた生意気な学生だった（彼と小峯隆生が絡むおもしろい話もあるが、省略する）。ちょうど「プレゼン」が注目され始めた時期で、それなりに好評だった。その発展形として、現在の科目を始めた。2011年春のことだった。

偶然は重なる。2011年秋、筑波大学の学園祭である雙峰祭《そうほうさい》で、有志による「学際研究フォーラム　院生プレゼンバトル」が開催された。自分の研究について公開の場で発表し、学長、副学長、図書館長らと参加者の投票で、チャンピオンを決める、という画期的なイベントだった。肝《きも》は〝学際〟、つまり自分の専門分野以外の人々にプレゼンし、優劣を競うことである。そこで、まったく別個に動いていた「異分野コミュニケーションのためのプレゼンテーションバトル」の授業と「院生プレゼンバトル」のイベントが協力・連携する運びとなった。「院生プレゼンバトル」をたまたま観た小峯隆生が「俺、手伝いできますぜ、教授」と言い出したのだ。学生はプレゼンのために、研究室の先生・先輩からストーリーや構成、パワーポイントの作り方等を学び、周到に準備する。しかし実践で困るのは、鋭い質問のみならず、鈍い質問、勘の狂った質問、斜め上や下からの質問である。それを臨機応変に短時間で的確にさばき、ポイントを上げなくてはならない。「そういう技術なら、俺が教えることができます」と小峯隆生はいう。彼を筑波大学の非常勤講師にするには、いろいろあった。しかし、これは日本の学術プレゼンテーションにおいて必要である、との信念で、手続きを進めた。周囲の理解も得て、２０１２年度から小峯隆生が教員として壇上に立った。文系・理系、分野を問わず大学院生なら誰でもどうぞ、ただし聴講するだけではダメ、「きっちり実践してもらいます」と謳《うた》った。隔週で行われる授業で、小峯隆生はじつに丁寧な授業を行った。教材も知恵を絞って「シェイクスピアで行こう」と決めた。幸い、代々の受講学生達は真剣に応じてくれた。大学教育は双方向になると、いっそう効果が上がる。

「院生プレゼンバトル」は「学生プレゼンバトル」と名称を変え、現在も続いている。受講生から優秀賞、そしてチャンプを輩出した。すでに大学教員となっている受講生も何人もいる。小さな世界ではあるが、確実に一石を投じることができた。そんな由来の本書である。凡百のプレゼン本にはない緊張感を楽しんでほしい。

1章 『TED』を使った映像解析——よい見本と悪い見本

アクターズレッスンですべてが変わる

ある日の筑波大学の研究室。博士号をもつ研究者で、教授の肩書が当たり前、とにかく頭脳明晰、聡明な方々が集まったアカデミズムは日々、進化しているようです。そんな中で、

「あの、小峯先生」

と院生に呼ばれても、そう呼ばれるのに慣れていない自分は、うまく反応できません。

「小峯さん」

と呼ばれて初めて、

「はい」

と、返事が出来るような次第です。そんな私の様子を笑顔で見守る研究室スタッフの横に、見慣れない紳士がいらっしゃる。

「あの、こちら、××博士」

と紹介されました。

「異分野コミュニケーションを担当されている小峯先生です」

その博士に挨拶すると、

「あっ、逸村先生のところの。皆、芸達者なんだよね」

「ハイ！」

と、努めて明るい返事をするしかない私。またですか……。

私が担当する授業では、プレゼン技術を向上させるために、映像解析と演劇の手法を取り入れました。演劇の手法と聞くと、授業の中身を知らない方々には、『芸達者』という解釈になるのです。まぁ、確かに芸達者には違いないが、少しニュアンスが違います。

ことの始まりは2013年11月、筑波大学の学園祭では毎年、「プレゼンバトル」と銘打って学生たちがプレゼンテーションを競うイベントがあります。この年のバトルで、自分の授業を受けていた学生の一人が準優勝を飾ったのです。

学長の講評もやはり、

「準優勝の××さんは、芸達者で……」

学長にまで、芸達者と認定されたのであります。

うまいプレゼンをすると、『芸達者』と言われる。ここに一つの「超えられない日本社会の壁」があるでしょう。学術と役者の間にある、深い溝です。

筑波大学『異分野コミュニケーション』の自分の担当講義は、2011年から始まりましたが、先立つ2010年、逸村教授の授業を見学したことがあります。全学部から集まった受講生の学生に、見本となるプレゼンを見せて、技術を向上させようとする意欲的な授業でした。具体的には、『TED』という米国流プレゼン文化の総本山といえる動画の中で、最もネット上でアクセス数の多いプレゼンを紹介していたのですが、それらを見ていてすぐに気づいたことがあります。

「この話者は、アクターズレッスン（アクターズトレーニング）を受けている」

プレゼンが巧いのは、本人の才能もあるでしょうが、基本となる『技術』が必要です。その技こそ「アクターズレッスン」、舞台で演じる役者の基本技術を知っていて、実践できる。その一点だけが、日本人のプレゼンとのもっとも大きな違いでした。

『アメリカ人研究者は、必要とあれば「アクターズレッスン」を柔軟に取り入れている』

加えて、小学校の時から、プレゼンとディベート（討論）をしているし、多民族国家で生きていくためには、自分自身を説明し、常に自己主張しなければなりませんから、役者のテクニックが自然と身につくのかもしれません。それと比べて日本は、子供の頃から、

「他人と争わず、仲良くする」

ことが奨励されるので、他人との議論や論争を避けがちです。社会人になっても自分を無にして働くこと、無色透明の自我で空気を読み、「俺が俺が」の自己主張をしないよう生きていく。ゆえに、自分自身について他人に説明し、自分の意見や考えを主張するのが、下手になります。

『沈黙を金《きん》とし、口数が少ないほうがよしとされる』

だから、自分のようなおしゃべり人間は、小さい頃から、どこでも「煩《うるさ》いヤツ」と疎《うと》まれてきました。それが20歳の時に、アメリカに行って初めて、「面白い男」と評価された

のです。「煩い」のは自己表現の一部、才能の一種として、アメリカでは評価されたのでした。

日本では、舞台芸術にたずさわる演劇人は、『河原乞食』とも言われ、数段低い社会的地位に置かれてきました。ゆえに、日本の高尚なアカデミズムの世界には、演劇が入り込む余地は少なく、演劇的な素養、役者的な振る舞いを見せると、

『芸達者』

というタグをつけられて、そのカテゴリーに入れられてしまいます。

このあたりから変えていかないと、グローバル社会を生き抜く人材が育つはずはありません。周囲の空気を読んで、偉い人は誰か、場の序列を瞬時に判断して、余計なことはしゃべらないという縦社会の日本では、プレゼンテクニックの上達は容易ではありません。その壁を打ち砕くのが本書の「演じる」レッスンなのです。

話者の身体こそもっとも重要なメディア

プレゼンに、『アクターズレッスン』を取り入れるのが、筑波大学で自分のやっている

授業の眼目です。もちろん、プロの舞台俳優を目指すのではありません。

俳優が駆使している、演じる技術の中で、プレゼンに役立つものだけを教えています。

書店に行けば、プレゼン本は沢山あります。しかし、そのすべてが、「パワポをどう使いこなすか」「スライドの上手な作り方」「図表の効果的な使い方」「良い画像の使い方」「動画をどう使えばよいか」「効果的な音楽の使い方」などと、機械や装置に頼った他力本願だらけ。

ある本では、プレゼンの成功談に、「プロの役者を使ってうまくいった」と書いてありました。だったら、自分が演技の素養を身につければいいじゃん！

パワポなんぞ、ＰＣが壊れるか、停電すれば終わり。結局、最後に頼りになるのは、自分の声と、話す言葉、そして、身振り手振りだけなんです。「いかに演じるか」を技術として身につければ、いつでもどこでも、巧いプレゼンが出来るようになりますよ。

プレゼンは自分の身体を使ったライブです。筑波大学の授業内容を文字に起こしたものが本書ですが、

「ライブだから、授業は面白くてわかりやすいけど、それをどう本にするのか、見ものだな」

と図書館情報学《ライブラリアン》の逸村教授が宿題を出しました。そこで私は考え抜いて、たどり着いたアイデアが、日本で初めての、スマホやPC、タブレットを座右に置いて、ＹｏｕＴｕｂｅ（ユーチューブ）で検索した動画を見ながら、プレゼンテクを学ぶスタイルの本書となったのです。ネットで公開されている動画をあわせて視聴することによって、よりわかりやすく理解することができます。

まずは基本テクニックから。左記のタイトルの動画を検索してみてください。

良いプレゼンの例

「ジル・ボルト・テイラーのパワフルな洞察の発作」(http://www.ted.com/talks/lang/ja/jill_bolte_taylor_s_powerful_stroke_of_insight.html　日本語全文訳はhttps://www.ted.com/talks/jill_bolte_taylor_s_powerful_stroke_of_insight/transcript?language=ja)

ここからの説明は、自分が映画監督をする時の、『映像解析方法』を用います。

話は逸れますが、私は、日本映画監督協会に所属する映画監督の肩書きを持っています。

1994年『パオさんとの復讐』で、映画監督としてデビュー。大島渚監督の推薦で、協会に入れていただきました。私の本当の夢は、映画監督になることでした。

それから苦節20年、一本も新作を撮るチャンスに恵まれず、デスクには数十本の未撮影の映画用脚本が積み上げられています。映画監督としての活動はしていますが、食べていけない。なので、大学での非常勤講師と、週刊誌のフリー記者をしながら、食い扶持《ぶち》を稼いでいるわけです。

さて、食えていない映画監督ですが、スキルは持っています。その中に、『映像解析』というものがあります。

自分が作りたいのは、アクション映画です。なので、ヒット作が出ると、DVDを買って、徹底的にそのアクションのどこが凄いのか、映像を解析します。同時に、役者の演技をチェックするためにも使います。

同じ方法を使って、『奇跡の脳――脳科学者の脳が壊れたとき』（新潮文庫）で日本でもよく知られている、ジル・ボルト・テイラー博士のプレゼンを映像解析してみます。

まず、全編をひととおり見てください。

#通しで見てみる

まず全体の流れがわかりました。多くの「役者テク」が隠されているので、今度は細かく順番に指摘し、解説します。

動画の下に、何分何秒を再生しているかを示すタイムライン（時間軸）があります。これを2分28秒に合わせて再生してください。

#2分28秒〜

テイラー博士「本物の人間の脳を持って来ました」

博士はなんと、マジな本物の脳を会場に持参してきました。プレゼンでは冒頭に、聴衆の関心を一気に引きつける、

『つかみはＯＫ！』

という技が必要とされます。と、ものの本には記されています。

このプレゼンの場合、つかみは、観衆の眼前に『本物の人間の脳』を持って来たことです。これはある意味やりすぎともいえる小道具です。実物の脳は、助手が持つトレイの上

に白い布を掛けられて、ステージに持ちこまれます。これも演劇的です。白い布を博士が取り去ることによって、本物の脳が現れる。舞台演出のしかけです。

でも、まだ小手調べです。ここから、アクターズレッスンを受けた博士の演劇的技法が炸裂します。シリコン手袋をはめて本物の脳をつかみ上げ、左右の脳の機能を説明し終わった博士は、助手を読んで再びトレイに脳を乗せながら、彼に話しかけます。

#3分38秒

テイラー博士　もういいよ、ありがとう。楽しかったわ。

助手　私はやりませんから。

観客（笑）

ここです。プレゼンは一人でやるモノと思われていますが、そうではありません。主役であるプレゼンターを引き立てる役を、博士は、助手にやらせているのです。助手は、「私は脳をつかむようなことを楽しめません」という応答で、観客の笑いを誘います。こうすることで、主役である博士のマッドな専門家ぶりを際立たせています。

これは、演劇的手法の一つです。たとえば舞台で、王を演ずる役者が、

「私が王だ」

といくら自分で名乗っても、観客からはちっともそれらしく（偉そうには）見えません。

王の従者が、まず先に舞台に表れて、

「王の御成《おな》りである」

と布告してから、仰仰《ぎょうぎょう》しく王が舞台に表れれば、観客の目には主役らしく、目立って見えるのです。この王と従者の関係を、博士はこのプレゼンに持ちこんでいます。

タイムラインを10分25秒まで進めてください。そこから30秒間、10分55秒までが次のポイントです。

ここで、テイラー博士は、自身が脳出血を発症し、右半身麻痺に陥った時、何とか、外部と連絡しようとしていた様子を演技で再現しています。博士は自分が『右半身不随』となった状態を、右腕をダランと力を抜き、ぶら下げた状態にして、見事に演じきっています。そして、発症した自分と、その自分を観察できる脳科学者としてのもう一人の自分という、二人のキャラクターを演じ分けています。

この博士が、アクターレッスン（アクターズトレーニング）を受けていることがよくわかるシーンです。どこでわかるかというと、手の使い方です。右手はダランと下げ、左手は懸命に動かそうとしている。手の動きの違いで、発作が起きた際の細かい感情まで色々と表現しています。見逃してはならないのは、演じている博士の空間の使い方です。

画面向かって左側に立ち、右半身側を観客に見せているときは右脳の機能を説明し、次に画面の右側に移動して立ち、左半身を見せるときは左脳の機能を説明する。空間を上手に使い分けて、演技しているのがわかります。

さらに細かく見ると、博士は、自分の体と手の動きを、観客の反応を見ながら、微妙に調整していることにも気づくと思います。こういう見せ方ができるのも、訓練を受けているかどうかでまったく違うのです。

そして、次のポイントです。10分50秒から11分00秒をご覧ください。

観客を笑いで湧かせ、それに応答するように、10分55秒で見せる『笑顔』、『笑み』が重要です。

これは、ぜひとも、覚えてください。

『観客に対する笑み』

と私は呼んでいますが、ここで聴衆と、プレゼンをする人間との感情の交流、心を通わせるやりとりが達成されています。

この笑みは、

「皆さんが笑ってくれたポイントは、私も面白く思っているよ」

という意味を持っており、プレゼンターと観客とのコミュニケーションが出来ているのです。

#10分55秒

博士「これは凄いわ。脳卒中を自分の脳内から観察できる脳科学者は滅多にいない」

観衆（笑）

つまり、この博士のセリフで誘った観衆の笑いに対して、自ら『笑み』を返して、その笑いの渦に自分も参加する。この瞬間、プレゼンターと観衆は一体となり、笑いを共有することで、お互いの心、感情を通わせます。マッドな専門家から観衆の共感を得る存在へと、会場の空気が一変したことがわかると思います。

次のポイントは、12分40秒から、同55秒までです。

脳内出血の発作に苦しみながら、必死に左手一本で電話帳を繰って、同僚に助けを求める電話をかけようと45分間、もがき続けた博士の話が続きます。

そして、やっと見つけた友人の番号に、左腕を使って電話機のボタンを押して、助けを呼ぼうと電話します。必死にボタンを押し続けて、ようやくつながりました。よかった！ ところが、自分では人間の言葉をしゃべっているつもりなのに、うまく単語が発音できません。

#12分55秒

博士「ワンワンワワン」……「私は、思いました。これでは、ゴールデンリトリーバーが吠えているみたいだわ」

観客（爆笑）

これも、演技の訓練のたまものです。

この犬の声は、『擬態語』という動物の鳴き声のモノマネです。

劇団に入ると、よく、

「動物同士の会話をやってみて」

と言われ、犬猫などの鳴き声に、人間の会話的な意味を乗せて、鳴き真似をする擬態語のレッスンを受けることがあります。

人間の言葉ではなく、犬猫の鳴声に伝えたい意味を載せて、吠え、そして、鳴くのです。

博士は、単に「ワンワン」と言うだけではなく、脳出血のために言葉がうまくしゃべれず、犬が吠えているように聞こえる擬態語を巧みに演じています。

同時に、博士は、右腕をダランとさせて、脳卒中で麻痺した右半身の様子を演技しながら、左手一本で電話番号を探して、電話する演技もしています。

手の使い方、自分が立っている場所を中心とした空間の使い方が上手なのです。

以上の点を意識しながら、15分まで、続けて見てください。

少し指摘しただけで、最初になにげなく見た時とはまったく違う映像に見えてきたはずです。

次は15分15秒から16分20秒にかけて。ここのポイントを私は、『笑いでつかんだ観衆の心を、感動の嵐に転化するプロセス』と呼んでいます。

脳卒中で、死に直面した博士が目覚めると、そこは天国でした。臨死体験をしたわけです。

しかしそれでも、自分は生きている。自分をこの世で生かし続ける小さな肉体に、戻らなければならない。発作のおかげでニルヴァーナ（天国）を見つけることができた、左脳に出血を起こしたことで、意識が右脳に歩み寄り、魂の平安を見出した貴重な体験を、科学者として伝えたいという思いが、生き続けようとする動機になったというのです。

死に直面して生き返り、手術を受け、回復して家族のもとに戻ってくるまでの物語を、博士は全身を使って真摯《しんし》に演じます。笑いから感動へ、場面をドラマチックに昇華させているのです。

博士はアクターズレッスンの他に、シナリオライターや作家の基本となるドラマの技法、どうやって物語を展開させるかという訓練もしっかり受けています。

ロングセラーの『理科系の作文技術』木下是雄著（中公新書）からその証拠を引用すると、「米国の大学では学生の専攻を問わず、一般教育課程でイングリッシュ・コンポジション、またはレトリックのコースをとる事を要求される。（中略）言語によって、情報や意見を明解に、効果的に、表現・伝達するための方法論なのである」

とあります。レトリックとは巧みな表現をする技法のことですが、博士はこうした教育の土台の上に、アクターズレッスンでさらに腕を上げているといえます。

笑いで掴んだ観衆の心を、死地を体験して、いま生きている奇跡の感動物語に転化していく手腕は見事です。これらが、アクターズレッスンの賜物です。

そして、博士は、生還の物語に酔いしれている観衆に、科学者である自分と右脳の意識をどう両立させるかについての結論を聞かせます。17分40秒から、18分20秒までの30秒間です。

大いに笑い、そして感動を味わった観衆の心のドアは、大きく開いています。そこに、「より多くの時間を右脳の回路で生きることを選ぶ」という博士の結論をスッと入り込ませるのです。完璧な構成のプレゼンだといっていいでしょう。この結論は、感情を動かされた観衆の心の中にたやすく入りこみ、感動の嵐を巻き起こします。

スタンディングオベーション、アメリカでは、立ち上がって拍手をすることが最大の賛辞とされており、聴衆は拍手の渦で博士を称えています。

最後に、見逃してはならないのが、18分10秒から15秒のポイント。プレゼンを終えた博士は、一瞬の間を置いて、右手を上げます。これも絶妙なテクニックです。

「私のスピーチは終わりました、皆様に、この時間と空間をお返しします」

という意味をこめた合図です。

プレゼンターが話し終わり、沈黙が訪れた時、いつ拍手したらいいのか、わからない場合が多々あります。だから、この合図は必須なのです。

笑いで心をつかまれ、感動に震え、そして、納得の結論が叩き込まれた観衆は、ここでようやく気持ちを表していいんだと知って、感情を爆発させます。一斉に立ち上がり、拍手と歓声で博士のプレゼンを称えるのです。

博士は、ちょっと手を上げるだけで観衆をコントロールできる状態にまで、聴衆の心をつかんでしまったわけです。

演技者を評価するのと同じ要領で、私が映画監督のスキルを用いてプレゼンを分析する手法は、いたって簡単です。具体的には、次の4項目をピックアップします。

1．この人はどのシーンで、アピールしているか？
2．そこで、自分の心は動いたか？
3．観客の心は動いたか？
4．観客とのやりとりはできていたか？

これらに関して気がついたことを、何分何秒だったかの時間を抜き出して、図式化していきます。そして、次の6つのポイントで、演者をさらに細かく分析します。

①演技ができるのか、できないのか？
②どんな演技ができるのか？
③上手か下手か
④下手ならばどのようなトレーニングを与えればいいのか？

⑤どんな性格か？
⑥身体の動きは器用にできるのか？

これらを書き出して、もしその役者を使うのなら、監督としてどう対峙していくか、考えていくわけですが、プレゼンの場合なら、どこを自分がマネできるか、引っかかったポイントとして、リストアップしていきます。

こうして、今まではただ漫然と見るだけだった動画素材が、数多くの学ぶべき点を教えてくれる教材へと一変するのです。

悪いプレゼンの例

良いプレゼンの次には、悪い例を紹介しないといけないでしょう。光と影、陰と陽の両方を知らなければ、プレゼンの世界全体を見渡すことができないからです。

「光」を見た後に「影」、すなわち悪い例を見れば、特徴がクリアになって、プレゼンで大事なことは何なのかが、よくわかってきます。

筑波大学の授業では、複数の『悪いプレゼンの例』を教材として使っていますが、ここでは、そこから二つを取りあげます。一つ目は、

『ウィリアム・ノエル　失われたアルキメデスの写本の解読』(https://www.ted.com/talks/william_noel_revealing_the_lost_codex_of_archimedes?language=ja#t-866066　日本語全文訳はhttps://www.ted.com/talks/william_noel_revealing_the_lost_codex_of_archimedes/transcript?language=ja)

です。これは受講した学生から、圧倒的に『つまらないプレゼン』と評価された実績(?)ある一本です。

ただし、この評価は報告の中味についてではなく、あくまでも、プレゼンの巧拙という観点にすぎません。ノエル氏が語った内容は、中世の祈祷書に使われていた羊皮紙の文字の下に隠れていた、歴史上失われてしまったと信じられていた紀元前ギリシアの数学者、アルキメデスの写本の、消された文章の解読に成功したという、すごいものです。羊皮紙は再利用されるため、アルキメデスなどの数冊の写本をばらばらにほどいた上で、文章を消して新たに綴じ直し、祈りの言葉を上書きしたわけです。その消された元の写本の文章を復元したのが、ノエル氏らのグループでした。

ひとことで言って、画期的な発見でしょう。とはいえ、プレゼン技術の側面でみると、『T

ED』に登場する欧米人がすべて、アクターズレッスンを受けているわけではないことを示す格好の事例となっています。

まずは一度、通しで見てください。あなたの脳内には、すでに、良いプレゼンの事例として、前回見た脳博士（ジル・ボルト・テイラー氏）のプレゼンが、インプットされていることでしょう。

それと比べながら、次の『映像解析』を読んでみれば、良いプレゼン、悪いプレゼンのポイントが立体的に理解できると思います。


まず、このノエル氏は、声がイイ。天から与えられた才能は、プレゼンの強みとなりますから、大いに活かすべきでしょう。

しかしノエル氏は、アクターズレッスンを受けたことは皆無と思われます。その証拠に、まず開始12秒から13秒で、左手を上げる動作があります。上げる高さに注意してください。肘の位置はそのままで、手だけ動かしていることがわかるでしょう。

以後、ノエル氏は、その高さ以上に手を上げることはありません。

次に、25秒から37秒にかけて、ノエル氏は、プレゼンターの基本の立ち位置として舞台にマークされた、赤い円形のゾーンを右に四歩、左に四歩と、正確に四歩歩いてターンする動作をくり返します。その様子は、まるで檻《おり》の中の熊のようです。

これが、彼のスタイルなのです。歩数は四歩でずっと変わりません。これがノエル氏の不動の動きの原理、「アルキメデスの点」と名付けましょう。時にそのステップは、二歩で止まり、バックステップ、サイドステップと切り替わりますが、ターンするまでのステップ歩数は必ず四歩です。

その間に、左手で、舞台上のスクリーンに投射された画像を指差す動作が入りますが、やはり肘の高さは変わりません。可動域は決まっています。腕の動かす高さに、限界点があるのです。

中でも見逃せないポイントは、29秒から30秒の動作です。

ノエル氏は両手を上げます。ここでも、肘の高さはそのままで、歩きながら、手だけ上げる、やはり不動のアルキメデスの点です。

左右に同じ歩数を歩くことをくり返し、同じ高さで手だけ上げる。両手を上げても肘の位置はずっと同じ。この3ポーズだけで、約15分間のＴＥＤのプレゼンをやり通します。明らかに、手の動かし方や身体の使い方を、まったく意識していないことがわかります。

この動画のアクセス数は、約90万回。前に見た『ジル・ボルト・テイラーのパワフルな洞察の発作』のアクセス数は、1850万回でした。この違いはどこから来るのでしょう？語る内容がいかにすごくても、やはり、見せ方の違いで差がつく。プレゼンスキルでアクセス数にこれほどの違いが出るのです。

観衆にきちんと見てもらうには、アクターズレッスンで学ぶ、見せ方の訓練が重要であることがわかります。さらに細かく見てみましょう。

#4分28秒

ノエル氏「（ニカワなどで綴じられていた）本を分解するのに4年を費やしました。皆さん、これは（分解前の）貴重な1枚です」

――スクリーンには、分解前の祈祷書の写真が映し出されます。

観客（笑）

初の笑いです。プレゼンのタイトルが、『失われたアルキメデスの写本の解読』ですから、その代わりに失われた祈祷書というジョークで、「つかみ」をやっている、と判断できます。

プレゼンにおける「つかみ」はできるだけ早めにやらないと「OK」にならない、つまり観客の心はつかめないとされていますが、開始後4分台というのはやはり遅いでしょう。ノエル氏は発見の内容のすごさに満足していて、プレゼンの見せ方にまで気を使っていないことがここでもわかるのです。

次に、ノエル氏らは赤い可視光画像と紫外線画像を合成処理して、ようやく元の写本の文章が解読できるようになったと語ります。スクリーンに映し出しますか、よく見えません。

#6分15秒から30秒

ノエル氏「拡大、拡大、さあこれで読み取ることができますね」

観客（拍手）

画像を合成処理したアルキメデスの写本の文字が、ズームアップを重ねて、ようやく読めるようになると、聴衆の心が動きました。やはり、観客の注意と期待は、紀元前4世紀にアルキメデスがどんなことを書いたか、という一点に向けられており、プレゼンターは添え物です。

14分39秒、ノエル氏の最後のひとこと、「ご静聴ありがとうございました」とともに、彼は4つ目の動作『頭を下げる』を見せ、拍手が起こりますが、立ち上がる観客はいないようです。

身体の動きだけに注目すると、彼はこの4つの動作だけで、15分間のプレゼンをやり通してしまいました。アルキメデスの失われた写本の発見という事実が圧倒的なために、場を保つことができたわけです。

しかし、もし同じ内容で、テイラー博士のようなアクターズレッスンを受けた発表者がプレゼンしていたら、軽く1000万アクセスを超えたでしょう。

ほんの少し、演じる要素を取り入れるだけで、劇的に良いプレゼンになったはずです。

くり返しますが、ノエル氏は声がイイ。映画監督の自分からすると、惜しいプレゼンです。最高の素材を演劇的スキルのなさで、ムダにしたように思えてならないのです。

悪いプレゼンの例2

次の例も同じように、「演じることで伝わる」ことがまったく忘れ去られているために、残念なプレゼンとなってしまったパターンです。

『バリー・シュワルツ　知恵の喪失』(http://www.ted.com/talks/barry_schwartz_on_our_loss_of_wisdom?language=ja#　日本語全文訳はhttps://www.ted.com/talks/barry_schwartz_on_our_loss_of_wisdom/transcript?language=ja)

約270万回アクセスの動画ですが、学生からは、「つまらないプレゼンの見本」として圧倒的な得票数を集めています。どこが悪いのか。自分はこの動画を学生に見せる前に、『不動のプレゼンテーションを学ぶ』という「効能」のポイントを示してから、再生するようにしています。

学生からは、「つまらない」とされるこのプレゼンの中味は、抜群に学ぶ要素が多い、イイことづくめの内容です。正しい行いをする喜びを知らせることで、倫理的行動を促進する、実践知のススメというのが主張のポイントです。たとえば、

「生まれながらに賢い人はいない。成長と共に作られるのです。知恵は経験から生み出されます」

「新しいことを試み、時には間違え、失敗から共に学ぶことを許されなくてはいけません」

「賢くあるために有能さは必要ではありません。ですが残念なことに、知恵のない有能さでは不十分です。頭がよくても知恵がなければ、あなた自身や他人にも迷惑をかけるでしょう」

「私達は規則に頼りすぎることで、臨機応変に状況から学ぶ機会を失い、倫理的技術を衰えさせてしまいます。賢い者は規則に例外が必要な場合をわきまえ、そして例外の設け方を知っています」

といった金言が並び、観客からも拍手が起きています。

自分は、この中でとくに、

「失敗から共に学ぶことを許されなくてはならない」

を、プレゼンの授業のモットーに採用しているほど、感銘を受けました。

私の授業は、学生に実践してもらった上で、「失敗して学ぶ」のが基本です。学生たちから「つまらない」とされているこのプレゼンが、なぜそうなったのかを実践的に解き明かしてみましょう。

まず、プレゼン動画を通しで見てください。全編ご覧になったでしょうか。見ていない方もいるとは思いますが、『映画監督の映像解析』を開始します。

まずは開始33秒まで。これが、バリー氏のスタイルです。演台の後ろから一歩たりとも、微動だにしない不動の姿勢。

これが、彼のプレゼンテクのほぼすべてです。

続いて、1分~1分10秒を見てください。なぜ、メガネが下にずり落ちているのか？これは、歳をとればわかります。老眼です。

近くはメガネがないと見えず、遠くはよく見える。遠近両用ならば問題解決ですが、バリー氏は、老眼鏡だけで、プレゼンしています。

これが、独特のクラシカルな雰囲気を醸し出しています。

次に1分30秒~35秒まで。バリー氏は両手を少し上げます。これが、彼の最大限の手の動きです。さらに2分25秒～30秒まで。キャスター付きの演台が、わずかに10センチほど、前に押し出されます。これが、バリー氏の最大限の前後の動きなのです。

どうです、すごいでしょう？

バリー氏のプレゼンスキルは、１９５０年代、60年代までの「教授」「大先生」によく見られた、旧態依然としたものです。実は日本の大学などでは、いまだにこのスタイルで講義が行われていたりすることがあります。

昔の学校では、「偉い先生の話は聞かなければならない」という、義務に近い「ご清聴」スタイルの伝統がありました。

今は個人優先の時代で、学生は自分自身が一番大切。偉い先生の話なら自動で聞くような時代ではありません。だから、今の話し手には、見せて、聞かせるテクが必要です。聴衆の一番の関心を引くようにして、彼ら自身の意識は二の次にさせるよう、プレゼンに没入させなければなりません。

そのためには、スキルが必要です。

このバリー氏は権威ある偉い学者先生ですから、しゃべり始めれば、普通は耳を傾けてくれる場が用意されています。

問題は、我々一般人が、学校や会社でプレゼンしたとき、何の関係もない、赤の他人に聞いてもらわなければならないことです。

ここで、他人に聞かすための工夫と、最低限の聞かせるテクニックが必要となってきます。


バリー氏の語りは　声に強弱とメリハリがあり、聞きやすい。

講義でしゃべるテクニックはマスターしている人です。

しかし、学生たちは、それをネットで見て、多くの学ぶべき点があるのに、『つまらないプレゼン』のカテゴリーに入れてしまいます。

言っている内容はとても素晴らしく、学ぶことは沢山あるのに、聴衆を、『聞いて学ぼうとする態度、そういう心構えにする』技術を欠いているわけです。

その欠けているモノが、見て、聞いて「おもしろそう！」と思わせるテクニックです。

ドラマチックに見せることが必要なのです。

バリー氏は語りのスキルはあります。ないのは、『適時に適度に動く』ということです。

舞台の上でそれが出来るのはアクター、すなわち役者です。

そのスキルこそ、アクターズレッスンで学べるのです。効果的な動き方のコツは、4章でくわしく説明します。

2章　ドラマで学ぶアクターズレッスンの基礎

——ブルータス vs. アントニーのプレゼンバトル

シェイクスピアを使う理由

なぜ、ここで突然、シェイクスピアなのか？

前章では、『TED』のプレゼン動画を、映画監督のスキルを使って、どこがよいのか、どこが悪いか分析する授業を行いました。

問題はその先です。

筑波大学で「異分野コミュニケーションのためのプレゼンテーションバトル」を始めた

6年前は、いつも手探りでした。担当の逸村《いつむら》教授と自分は、授業が終わると居酒屋で反省会を繰り返したものです。

「コミネ、動画分析はよく出来ている。それで、アクターズレッスンは、どうするんだ？」

と心配した教授から聞かれていました。

二人の関係の始まりは、1976年にさかのぼります。当時、自分は東海大学付属高校の三年生で、8ミリフィルムを使って自主映画のアクションムービーを作っていました。

大学に上がる前、その自主映画に出てくれる「演技の出来る俳優」を探しておりました。映画同好会に集う仲間たちだけで作れば、悲惨な結末になることは当時でも見えていました。どう見てもヒロイン、ヒーローではない男女が、主役を演じるからです。

不可能への挑戦でした。演技のできる出演者を探す中で、慶応大学シェイクスピア劇研究会が、新人俳優を求めているとの情報をつかんだ高校三年生の私は、慶応大学三田校舎に行きました。そこで、当時、大学一年生だった逸村教授と出会ったのです。教授は私の一年先輩にあたり、以後私たちは、シェイクスピア劇を真剣に演じたのでありました。現在でも、先輩・後輩の関係は不変です。

シェイクスピアは、私に色々なことを教えてくれました。

世界中の名言の半分はシェイクスピアから出ています。

また、私は、シェイクスピア劇で、しゃべり方を学びました。それは後になって、ニッポン放送の「オールナイトニッポン」でパーソナリティーをした時に役立ちました。

シェイクスピア劇で学んだ演技は、後に『ターミネーター2』『トゥルーライズ』などのハリウッド映画に出演する時に役立ちました。

話を筑波の居酒屋に戻します。

「逸村先輩、アクターズレッスンといえば、シェイクスピアですよ」

常に咄嗟《とっさ》の閃《ひらめ》きだけで生きている私は、その時も思いつきで凌《しの》ぎました。

「お！　いいなそれは。何を使うんだ？」

「えーと……」

何も閃かない。頭は空っぽでした。先輩とは長い付き合いです。

「わかった、何か見つけておこう」

教授とは、教えて授けると書きます。文字通り、知識の宝庫です。

数日後、連絡がありました。

「コミネ、『ジュリアス・シーザー』の三幕二場、ブルータスとアントニーの場面を使おう」

「あっ、それいいですね！」

この場面は、2人の男が命懸けでプレゼンバトルをするシーンが展開されます。簡単にかいつまんで紹介いたします。

ブルータスはその日、元老院において、ローマ帝国の偉大なる将軍・シーザーを、数人がかりで短剣で暗殺した。

暗殺に成功し、高揚したブルータスは、シーザーの死を知って激高したローマ市民の集まる広場に姿を現す。将軍を暗殺したテロリストが、興奮した市民の前に出てくるわけだから、へたをすればリンチに遭い、殺されるだろう。

ブルータスは、広場で、自らの命を賭けたプレゼンを行う。説得された市民たちは、ローマ帝国を救った英雄だと感動して、ブルータスについていこうと大騒ぎになる。

しかし、ブルータスは「一人で帰りたい」と希望を言い、さらに余裕の表情で、「シーザーの友人のアントニーの弔辞を聞いてくれ」と言って、驚喜する市民たちを残し広場を後にする。

要人を殺した直後に、殺害を正当化する弁で市民を説得し、歓喜を残して去るという、たぐいまれなプレゼンを、ブルータスはやってのけたのだ。

そこから、後攻めとなるアントニーのプレゼンが始まる。

絶対的なアウェイ、全員がブルータスの味方となった敵地といっていい雰囲気の中、アントニーのプレゼンは、ブルータスを称えることから始める。最終的には、ブルータスに熱狂したローマ市民たちの心と思考を完璧にひっくり返して、聴衆をブルータスの家を焼き討ちに走るテロ集団に仕立て上げてしまう。敵味方をひっくり返すほどのさらにすごいプレゼンを、アントニーはやりとげた。

シェイクスピアは、まさしく天才です。このシーンは、プレゼンの最高の教科書になっています。該当テキストを引用しますので、まずは読んでみてください。

『ジュリアス・シーザー』

（ウィリアム・シェイクスピア／小田島雄志・訳　白水Uブックス『シェイクスピア全集』より）

第三幕　第二場　広場

ブルータス、キャシアス、多数の市民たち登場

市民たち　わけを聞きたい、わけを聞かせてくれ。

ブルータス　ではついてこい、諸君、私の話を聞いてもらおう。キャシアス、きみはむこうの通りに行ってくれないか、この人数を二手にわけよう。私の話を聞きたいものはここに残るがいい、キャシアスについて行きたいものはむこうだ。

そのうえでシーザーを死にいたらしめた理由をあきらかにしたい。

市民1　おれはブルータスの話を聞こう。

市民2　おれはキャシアスにする。二人の説明をそれぞれ聞いておいて、あとでくらべようじゃないか。

（キャシアスと市民たちの一部退場。ブルータスは演壇にのぼる）

市民3　ブルータスが壇にのぼったぞ、静かにしろ！

ブルータス　最後までご静聴願いたい。ローマ市民、わが同胞、愛する友人諸君！私の話を聞いていただきたい、また聞くためには静かにしていていただきたい。私の名誉にかけて私のことばを信じていただきたい、また信じるためには私の名誉を重んじて

いただきたい。諸君の賢明な知恵に照らして私を判断していただきたい、また判断するためには諸君の分別をいっそう働かせていただきたい。もしこの会衆のなかに、だれかシーザーの親友をもって任ぜられる人がおられるなら、私はその人に言おう、ブルータスのシーザーを愛する友情はその人にいささかも劣りはしなかったと。またもしその人が、ブルータスのシーザーを倒した理由を聞きたいと詰問されるなら、私はこう答えよう——それは私がシーザーを愛さなかったためではない、それ以上にローマを愛したためであると。どうだろう、諸君はシーザー一人生きてすべての諸君が奴隷として死んでいくことを望むだろうか、シーザー一人死んですべての諸君が自由人として生きることよりも？　シーザーは私を愛してくれた、それを思うと私は泣かざるをえない。彼はしあわせであった、それを思うと私は喜ばざるをえない。彼は勇敢であった、それを思うと私は尊敬せざるをえない。だが彼は野心を抱いた、それを思うと私は刺さざるをえなかった。彼の愛には涙を、彼の幸福には喜びを、彼の勇気には敬意を、そして彼の野心には死をもって報いるほかないのだ。だれかここに、その性卑屈にしてみずから奴隷たらんと欲するものがいるか？　いたら、名乗りでてくれ。私はその人に罪を犯した。だれかここに、その性蒙昧《もうまい》にしてみずからローマ人たることを欲さないものがいるか？　いたら、名乗り出てくれ。私はその人に罪を犯した。だれかここに、その性卑劣にしてみずからの祖国を愛さないものがいるか？　いたら、名乗り出てくれ。私はその人に罪を犯した。さあ、答えを待とう。

市民一同　いないぞ、ブルータス、一人もいないぞ。

ブルータス　それなら私が罪を犯した相手は一人もいないわけだ。私がシーザーにたいしてなしたことは、そのまま諸君が今後ブルータスにたいしてなして当然の行為なのだ。彼の死に関する問題点は議事堂《キャピトル》の記録にとどめてある。それは彼の受けてしかるべき栄光をいささかもおとしめてはおらず、彼の死をまぬがれなかった罪過をいささかも誇張してはおらぬものだ。

アントニー、その他、シーザーの遺体をもって登場。

シーザーの遺体がはこばれてきた、哀悼の意を表してつきそうのはマーク・アントニーだ。アントニーはシーザーの死にはあずからなかったが、その死による恩恵にあずかり、自由な市民としての特権を与えられるだろう。その点、諸君のだれ一人、変わりがあろうか？　最後に、次のことばをもってお別れしよう――私はローマのために最愛の友を刺した、その同じ刃《やいば》を、もし祖国が私の死を必要とするならば、みずからこの胸に突きつけるだろう。

市民一同　死ぬんじゃない、ブルータス、生きてくれ！

市民1　万歳を叫んでブルータスを家まで送ろう。

市民2　ブルータスの像を建てよう、先祖の像と並べて。

市民3　彼をシーザーにしよう。

市民4　ブルータスならばシーザーの美点だけが王冠をかぶることになるぞ。

市民1　歓呼の声をあげて家まで送ろう。

ブルータス　同胞諸君――

市民2　静かにしろ、ブルータスが話すぞ。

市民1　おい、静かに！

ブルータス　わが同胞諸君、私は家まで一人で帰りたい、諸君は、私のために、アントニーとここに残ってくれ。シーザーの亡骸《なきがら》に敬意を表し、シーザーの功を称えるアントニーのことばに敬意を表してもらいたい。アントニーの弔辞はわれわれの許可に

よるものだ。私からお願いする、この場を去るのは私だけにして、諸君はアントニーの話が終わるまで動かないでくれ。（退場）

市民1　おい、待てよ、アントニーの話を聞こうじゃないか。

市民3　演壇に立ってもらおう、みんなで聞くのだ。さあ、アントニー、演壇にのぼってくれ。

アントニー　ブルータスのために、話を聞いてもらえて感謝する。（演壇にのぼる）

市民4　ブルータスのなんだって？

市民3　ブルータスのためにだ、そしておれたちに聞いてもらえて感謝すると。

市民4　ここでブルータスのためにならないことは言えまい。

市民1　シーザーってやつは暴君だった。

市民3　ちがいない。あいつがいなくなってローマはしあわせだよ。

市民2　シーッ！　アントニーになにが言えるか聞こう。

アントニー　親愛なるローマ市民諸君――

市民たち　シーッ！　話すぞ。

アントニー　わが友人、ローマ市民、同胞諸君、耳を貸してくれ。私がきたのはシーザーを葬るためだ、称えるためではなく。人間のなす悪事はその死後もなお生きのびるものであり、善行はしばしばその骨とともに埋葬されるものである。シーザーもそうあらしめよう。高潔なブルータスは諸君に語った、シーザーが野心を抱いていたと。そうであれば、それは嘆かわしい罪にほかならず、嘆かわしくもシーザーはその報いを受けたのだ。ここに私は、ブルータス、その他の諸君の許しをえて――と言うのも、ブルータスは公明正大な人物であり、その他の諸君も公明正大の士であればこそだが――こうしてシーザー追悼の辞をのべることになった。シーザーは私にとって誠実公正な友人であった、だがブルータスは彼が野心を抱いていたと言う、そしてそのブルータスは公明正大な人物だ。シーザーは多くの捕虜をローマに連れ帰った、その身代金《みのしろきん》はことごとく国庫に収められた、このようなシーザーに野心の影が見えたろうか？貧しいものが飢えに泣くときシーザーも涙を流した、野心とはもっと冷酷なものででているはずだ、だがブルータスは彼が野心を抱いていたと言う、そしてそのブルータスは公明正大な人物だ。諸君はみな、ルペルクスの祭日に目撃したろう、私はシーザーに三たび王冠を献げた、それをシーザーは三たび拒絶した。これが野心か？だがブルータスは彼が野心を抱いていたと言う、そして、もちろん、ブルータスは公明正大な人物だ。私はブルータスのことばを否定すべく言うのではない、ただ私が知っていることを言うべくここにいるのだ。諸君もかつては彼を愛した、それも理由あってのことだ、とすれば、いま彼の哀悼をためらうどんな理由がある？　ああ、分別よ！　おまえは野獣の胸に逃げ去ったか、人間が理性を失ったとは。いや、許してくれ、私の心はシーザーとともにその柩《ひつぎ》のなかにある、それがもどってくるまで、先を続けられないのだ。

市民1　アントニーの話もなかなか筋がとおっているようだな。

市民2　よくよく考えてみれば、シーザーのほうが不当なめに会ったのかもしれん。

市民3　そうだとすると、その後釜にはもっと不当なやつがなるんじゃないかな。

市民4　いま聞いたろう？　シーザーは王冠を拒絶したんだ、だからたしかだよ、野心なんかなかったことは。

市民1　そうとわかればその報いを受けるやつらがいるわけだ。

市民2　かわいそうに！　目を真赤に泣きはらしているぞ。

市民3　このローマにアントニーほど高潔な人物はいないよ。

市民4　おい、聞こう、また話をはじめるようだ。

アントニー　つい昨日までは、シーザーの一言は全世界を畏怖せしめるものであった。それがどうだ、いまはそこに横たわり、匹夫《ひっぷ》とても敬意を表するものはない。ああ、諸君、もしこの私に諸君の心をかり立て、反逆暴動の挙に誘おうとの下心があるとすれば、ブルータスを謗《そし》り、キャシアスを謗ることになる、あの二人は、諸君も知るとおり、公明正大な人物だ。あの二人を謗ることだけはしたくない、たとえ死者を謗り、私自身を謗り、諸君を謗ろうと、あのような公明正大な人物を謗る気は私にはない。だが、ここにシーザーの印を押した文書がある、彼の部屋で私が見つけたものだ、彼の遺言状なのだ。もし市民諸君がこの遺言の内容を聞かれたら——読む気もないのにこんなことを言って申しわけないが——諸君はきっとシーザーの傷口にかけ寄り、口づけし、その神聖な血にめいめいのハンカチをひたすだろう、いや、それどころか、シーザーの髪の毛一筋を記念のためにもらい受け、死に際してはそのことを遺言状にしたため、貴重な遺産として子々孫々に伝え遺すだろう。

市民4　遺言状を聞きたい。読んでくれ、アントニー。

市民一同　遺言状だ、遺言状だ！　シーザーの遺言を聞かせろ。

アントニー　許してくれ、友人諸君、読んではならないのだ。シーザーがどんなに諸君を愛したか、諸君はそれを知らないほうがいい。諸君は木石《もくせき》ならぬ、人間だ、人間である以上、シーザーの遺言を聞けば、諸君は激昂するだろう、狂気のようになるだろう。諸君が彼の遺産相続人であることなど、諸君は知らないほうがいい、知れば、ああ、どうなる?

市民一同　遺言状を読んでくれ、聞きたいのだ、アントニー。読んでくれ、遺言状を、シーザーの遺言状を。

アントニー　許してはくれないのか? まあ待ってくれ。この話をしてしまったのは私の行きすぎだった。私が恐れるのは、シーザーを刺した公明正大な人物を誇ることになりはしないかだ、それを恐れるのだ。

市民4　やつらは謀反人だ! 公明正大なんかであるもんか!

市民一同　遺言状だ! 遺言状を読んでくれ!

市民2　やつらは悪党だ、人殺しだ! 遺言状を読んでくれ。

アントニー　ではどうしてもこの私に遺言状を読めと? やむをえん、シーザーの亡骸《なきがら》をかこみ輪になってくれ。まず遺言状をしたためた本人を諸君に見せたい。演壇からおりたいが、許してくれるだろうな?

市民数人　おりてくれ。
市民2　おりるのだ。
市民3　もちろんおりていいぞ。
（アントニー演壇から降りる）
市民4　輪になるんだ、ぐるっととりかこむんだ。
市民1　柩《ひつぎ》のそばに寄るな、亡骸にさわるんじゃない。
市民2　道を開けろ、アントニーだ、高潔なアントニーだ。
アントニー　そう押さないで、もっと離れてくれ。
市民数人　もっとさがれ、押すな、さがるんだ。
アントニー　諸君に涙があるなら、いまこそ流す用意をするがいい。諸君はこのマントに見覚えがあるだろう、私もまた忘れはしない、シーザーがはじめてこれを着たときを。あれはある夏の夕暮れ、陣営においてであった、ネルヴィー族をうち破った日のことであった。見ろ、ここをキャシアスの剣が突き抜けた。これはキャスカの恨みの手が引き裂いた跡だ。これがあれほど愛されたブルータスの刺した個所だ、そして彼の呪わしい剣がここから引き抜かれたとき、シーザーの血はそのあとを追ってほとばしり出たのだ、まるで戸口から走りだして、無惨な訪問者がはたしてブルータスであったのかどうかたしかめるかのように。ブルータスは、周知のように、シーザーの寵児であった。神々も照覧あれ、シーザーはいかに彼を愛したことか！　これこそはもっとも無惨非道の一撃であったのだ。さすが高潔なシーザーも、彼が刺さんとするのを見て、謀反人の腕よりはるかに強いその忘恩には、すっかりうちのめされ、偉大な胸もつぶれはてたのだ。そしてマントに顔を包むようにして、まさにあのポンペー像の足もとに、その像が噴き出す血潮に身をひたすように、大シーザーは崩れ落ちたのだ。ああ、なんという崩壊であろうか、同胞諸君！　私も、諸君も、すべてのものが崩れ伏したのだ、血なまぐさい反逆が勝ち誇るその足もとに。ああ、泣いているな。私にはわかる、諸君はいまあわれみの情に打たれている、その涙は神の滴だ。心やさしい諸君、諸君はシーザーの傷ついた衣服を見るだけで泣くのか？　それならこれを見ろ、これは謀反人どもに切り刻まれたシーザーその人だ。

市民1　ああ、痛ましい姿だ！

市民2　ああ、気高いシーザー！

市民3　ああ、なさけないことに！

市民4　ああ、謀反人め、悪党め！

市民1　ああ、無惨な！

市民2　よし、復讐だ！

市民一同　復讐だ！　やれ！　捜せ！　焼きうちだ！　火をつけろ！　殺せ！　やっつけろ！　謀反人を一人も生かしておくな！

アントニー　待ってくれ、諸君。

市民1　静かにしろ！　高潔なアントニーの話を聞こう。

市民2　話を聞き、そのことばに従い、彼と生死をともにしよう。

アントニー　友人諸君、親愛なる友人諸君、私のことばに激し、一挙に暴動を起こすようなまねはしないでほしい。ことをおこなったものはすべて公明正大な人たちだ、彼らにどのような個人的恨みがあってこの挙に出たか、悲しいかな私は知らない。だが賢明、高潔な人たちだ、必ず、しかるべき理由をもって諸君に答えるだろう。私は諸君の心を盗みとるためにきたのではない、私は雄弁家ではない、ブルータスのような。ただ、諸君も知るとおり、一介の無骨者であって、友人を愛する男にすぎん。それを知っていたからこそ彼らはシーザーについて語ることを私に許したのだ。この私には、人の血を湧き立たせるような、知恵も、ことばも、価値も、身ぶりも、弁舌も、説得力も、なに一つない、ただ率直に語るのみだ。ただ諸君自身のすでに知っていることを語り、シーザーの傷口を示し、あわれな物言わぬ傷口に私のかわりに語れと命じるのみだ。もしかりに私がブルータスで、ブルータスがアントニーであれば、そのアントニーは諸君の胸に怒りの火を点じ、シーザーの傷口の一つ一つに舌を与えて語らせ、ローマの石という石も暴動に立ちあがることだろう。

市民一同　そうだ、暴動だ。

市民1　ブルータスの家を焼きうちにしろ。

市民3　さあ、行こう！　謀反人どもを捜し出すんだ。

アントニー　聞いてくれ、諸君、私の話を聞いてくれ。

市民一同　静かに！　アントニーだ、アントニーが話すぞ！

アントニー　諸君はわけもわからず行動に走ろうとしている。シーザーのどこに諸君の愛を受ける値うちがある？　悲しいかな諸君は知るまい。では私から言おう、諸君は先ほど話した遺言状のことを忘れている。

市民一同　そうだ、遺言状だ！　遺言状を聞かせてもらおう。

アントニー　これが遺言状だ、シーザーの印が押してある。すべてのローマ市民にたいし、それぞれ七十五ドラクマずつ贈る、とある。

市民2　ああ、気高いシーザー！　彼の死に復讐しよう。

市民3　ああ、なんてりっぱなシーザー！

アントニー　もう少し聞いてくれ。

市民一同　おい、静かにしろ！

アントニー　まだあるのだ。シーザーはその荘園のすべてを、お気に入りの四阿《あずまや》も、花を植えたばかりの庭園も、タイバー川のこちら岸全部を諸君に遺している、いや、諸君の子々孫々にたいし、永久に、逍遥《しょうよう》し心を慰めることのできる公園をのこしているのだ。シーザーはこういう人であった！　このような人物が二度と現れるか？

市民1　現れるものか、二度と。さあ行こう！　シーザーの亡骸《なきがら》を火葬にふし、その燃えさしをもって謀反人の家に火をつけるのだ。亡骸をかつぎあげろ。

市民2　火をもってこい。

市民3　ベンチをたたきこわせ。

市民4　椅子も窓もなんでもたたきこわせ。

（遺体をもって市民たち退場）

アントニー　あとはなりゆきまかせだ。わざわいのやつ、動きはじめたな、好きなところに行くがいい！

シナリオ解析

では、「ジュリアス・シーザー」第三幕第二場の映画監督式シナリオ解析を試みます。

映画を作るにあたり、監督が最も頼りにするのは脚本家の書いたシナリオです。映画監督は、それを十二分に読み込んで、そこに書かれた文字を映像化します。

恐れ多いことですが、映画監督の端くれとして、シェイクスピアの戯曲台本が、いかにすごいプレゼンになっているか、シナリオを解析して証明してみます。

#解析1　ブルータスのプレゼン

ブルータスは、冒頭、

「シーザーを死にいたらしめた理由をあきらかにしたい」

と言っています。ローマ市民が一番聞きたいことを真っ先に言います。プレゼン冒頭の「つかみはOK」と同じことです。

次にブルータスは、シーザーを殺した理由を明示します。

「私がシーザーを愛さなかったためではない、それ以上にローマを愛したためであると」

これは、シーザーという個人よりもローマを優先して愛する、国というのはシーザーよりも大事な存在であると宣言しています。眼前の一人の死よりも大きな存在を示し、小さな一人を殺すことによって、より高次の「国を救う」ことに成功したと主張するのです。

これにより、殺人を小さく見せることに成功しています。そして、ブルータスはシーザーを殺した理由を明示します。

「彼は野心を抱いた、それを思うと私は刺さざるをえなかった」

シーザーは、ローマ市民全員のためのローマ帝国を、個人的に「わがもの」にしようと野心を抱いていた。ローマ市民にとって、共同体で共有物であるローマ帝国の私物化を殺人理由にあげます。この後のブルータスが狡猾《こうかつ》なのは、ローマ市民たちにこう聞いていることです。

「みずからの祖国を愛さないものがいるか？　いたら、名乗り出てくれ。私はその人に罪を犯した。さあ、答えを待とう」

もし祖国を愛さない者がいたら、その者に対して罪を犯したと、ブルータスは、ローマ市民たちに自らへの審判を求めます。広場に集う者たちで、祖国を愛さないなどという人はいません。市民一同は、熱狂的に答えます。

「いないぞ、ブルータス、一人もいないぞ」

これで、ブルータスは、シーザーを殺した罪を許されたのです。プレゼンは聴衆を説得することが大切。ブルータスは、それを見事にやってのけました。自らの人殺しの罪が消えたところで、ブルータスは、シーザーの遺体を広場に運びこませます。その前で、ブルータスは宣言します。

「私はローマのために最愛の友を刺した、その同じ刃を、もし祖国が私の死を必要とするならば、みずからこの胸に突きつけるだろう」

自らの命をいつでも差し出すと言います。これで、眼前のシーザーの遺体と自分の生きた身体を引き分けの位置まで持っていくことに成功しています。さすがシェイクスピアです。

それに対して、市民たちは、

「死ぬんじゃない、ブルータス、生きてくれ！」

市民たちの政治的決断は下りました。ブルータスは生きることを許されたのです。ブルータスの説得が、ローマ市民たちに感動を与えました。

あの『ジル・ボルト・テイラーのパワフルな洞察の発作』で、テイラー博士が、脳出血から生還した経緯を語った時、観客と共有したのと同じ、感情的一体感が、ローマの広場に広がりました。

プレゼンで大切なのは、その終わり方です。ブルータスは、歓呼の声を上げて、家まで送ろうとする市民たちにこう言います。

「わが同胞諸君、私は家まで一人で帰りたい、諸君は、私のために、アントニーとここに残ってくれ」

市民たちの申し出を断り、一人で帰ります。なんと奥ゆかしい。人物が大きく見えます。

テイラー博士のプレゼンも、自らの死の危機をこえて生還した体験から、人類すべての幸福という大きなテーマへの献身に触れて終わります。なんと奥ゆかしい。ブルータスは、その場をアントニーに譲って、一人で帰る。孤高のヒーローとして、市民たちに後ろ姿で深い印象を残して、去ります。もちろん、市民たちはスタンディングオベーションで送ります。

#解析2　アントニーのプレゼン

ブルータスが退場した後、二番目にプレゼンするアントニーの番がやってきました。

ローマ市民は、ブルータスのシーザー暗殺に熱狂しています。アントニーは絶対的アウェイ、敵地のホームに乗り込んで、ゲームするプレーヤーと同じ立場に追い込まれました。言葉の選び方を一つでも間違えれば、ブルータスに心酔しているローマ市民たちに嬲《なぶ》り殺しにされてしまう危険性があります。そんな中、親友シーザーを殺されたアントニーは、このブルータス万歳の雰囲気を、プレゼンだけでひっくり返さなければなりません。

アントニーは、最初の問いかけから、工夫されたプレゼン技術を見せます。

「わが友人、ローマ市民、同胞諸君、耳を貸してくれ」

聞いてくれと命令するのではなく、耳を貸してくれないかとお願いして、始めています。雄弁家の「上から目線」にならず、下から「皆様にお願いする」モードで入っています。

市民たちは、「だったら、聞いてやろうか」という気分になります。たとえば営業マンの最初の挨拶、セールストークは、

『お客様の時間を少々、丁寧にお借りすることから始める』

と、当時外資系コンピュータ会社の営業マンをしていた私は教わりました。アントニーはそれと同じことをしています。そして、先行ブルータスに、小さいですが、見事な返し手を打ちます。これは、その後の展開の見事な布石となります。

「高潔なブルータスは諸君に語った、シーザーが野心を抱いていたと」

敵のブルータスを、高潔と持ちあげます。シーザーの野心を抱いていた、これをプレゼンの大前提とします。ボクシングに喩《たと》えると、左の大振りなフックで、まず敵の顎を上げておいて、次にボディへ、後から効いてくる、右の重たいパンチ、『シーザーは野心を抱いていた』を瞬時に放ったのです。

この『野心』という点を、アントニーはプレゼンの重要な論点として示します。貸してくれた聴衆の耳に、冒頭の短いひとことで、大前提と最重要の論点を叩きこむことに成功しました。

アントニーは、次に、シーザーとブルータスの人物比較を入れてきます。

「シーザーは私にとって誠実公正な友人であった、だがブルータスは彼が野心を抱いていたと言う、そしてそのブルータスは公明正大な人物だ」

アントニーは絶妙に人間関係のバランスを崩し始めています。公明正大なブルータスが、私の誠実公正な友人であるシーザーが野心を抱いていたと非難している。最後に持ち上げて、敵の重心の位置を高くしています。

そこに、柔道の足払いのような反撃の第一撃を放ちます。

「私はシーザーに三たび王冠を献げた、それをシーザーは三たび拒絶した。これが野心か？だがブルータスは彼が野心を抱いていたと言う」

論点の『野心』を、シーザーは抱いていなかった証拠を掲げて、ブルータスの殺人の理由の否定に入ります。続いてアントニーは、反撃の第二手を放ちます。それが成功しかけていることは、市民の声でわかります。

市民2「かわいそうに！　目を真赤に泣きはらしているぞ」

アントニーは、シーザーの死を悲しんで泣く姿を見せて、ローマ市民の感情に訴えているのです。最初に涙を見せた後は、一転して『見せない』テクニックをくり出します。

「ここにシーザーの印を押した文書がある、彼の部屋で私が見つけたものだ、彼の遺言状なのだ」

人は自分が知らないことに興味を抱くものです。遺言状の存在は、市民たちが初めて耳にするものですから、それを提示されれば、ぜひ中味を知りたいと思うのが自然のなりゆきです。

アントニーは市民の心を、自分が泣くことにより『感情』で引っかけて、さらに『モノ』で釣り上げようとしています。このあたりが見事なのです。アントニーは、遺言状を餌に、市民をシーザーの亡骸の周りに集めます。耳だけを借りていたのが、今や、市民たちの身体、行動まで思い通りに動かし始めたわけです。観衆とプレゼンターは一体になろうとしています。

アントニーは遺体のまわりに市民たちを集めた後、会心の一撃を放ちます。いよいよ、プレゼンのメイン部分に突入です。

「諸君に涙があるなら、いまこそ流す用意をするがいい。諸君はこのマントに見覚えがあるだろう」

マント。遺体を覆うマントという小道具に、聴衆の注意が集まるよう促します。

あのテイラー博士が、助手に、白い布で覆った人間の本物の脳味噌を持ってこさせたことと、よく似ています。本物の人間の脳が現れた時、プレゼン会場の観衆は息をのみました。テイラー博士が十二分に演劇的な手法を使ったことは、シェイクスピアのドラマを見ればよくわかります。

舞台に白い布やマントがかけられた物体が出てくれば、観衆はどうしても中身を見たくなります。アントニーはこのマントを、ブルータスたちにズタズタに刺された、シーザーの惨殺の証拠として使用します。証拠物件としてマントを使い切った後、幕が上がるように次のシーンに移ります。

「衣服を見るだけで泣くのか？　それならこれを見ろ、これは謀反人どもに切り刻まれたシーザーその人だ」

シーザーの遺体を覆ったマントを、アントニーは取り去ります。無惨な遺体があらわになります。市民たちの気持ちが爆発します。巧みな舞台装置の使い方です。市民たちは叫び出します。

市民一同「復讐だ！（中略）殺せ！　やっつけろ！　謀反人を一人も生かしておくな！」

こうして、激高するローマ市民たちに向けて、アントニーは切り札を投じます。

アントニー「諸君はさきほど話した遺言状のことを忘れている」

市民一同「そうだ、遺言状だ！　遺言状を聞かせてもらおう」

遺言状のことを市民たちに思い出させます。その内容は、市民たちを実際に暴動に走らせるのに十分すぎるものでした。具体的には、市民全員におカネをたーくさん与えると言い、自分の土地を公園として、市民に自由に使わせるというのです。カネと土地を分け与えたのです。

実際の選挙で、政治家がこのようなことを言っても信じてはいけませんが、有権者というものは古今東西、バラマキに弱いものです。ローマ市民たちに火がつき、ブルータスら暗殺者たちを皆殺しにしようと、走り始めてしまいました。

この時点で、アントニーは、命がけのプレゼンで、前のブルータスの手柄を完璧にひっくり返しています。すばらしいプレゼン技術であり、シェイクスピアの「ブルータスとアントニー」の対決シーンは、プレゼンの見本として、とても優れていることがおわかりいただけたと思います。

動画で学ぶ役者のスキル

これを読み込み、さらに役者のスキルを学んで、実際のプレゼンに使える発声方法を練習してみましょう。自分ひとりの声と身体で多数の相手を説得できる、巧みなプレゼンができるようになります。

まず、見本となるプレゼン動画を見ていただきます。実際の授業の中では、私と逸村教授で、見本の演技を学生に見せます。この本では見本の動画を、インターネットに無料公開しましたので、見ていただくことを推奨します。僭越《せんえつ》ながら、日本映画監督協会所属の小峯隆生が監督した短篇映画です。

日本でちゃんとした日本語のシェイクスピアを演じられる若手俳優は、年々、減少しています。

1975年7月、日生劇場で、市川染五郎主演、故・蜷川《にながわ》幸雄さんが演出した『リア王』を見て感動した諸先輩方が、慶応大学にシェイクスピア劇研究会を創設しました。そのおかげで、逸村教授と私はシェイクスピアのドラマに出会うことができました。私たちの原点は、蜷川シェイクスピアなのです。

21世紀の現在、埼玉県さいたま市「彩の国劇場」に、蜷川さんの作ったネクストシアターがあります。そこには、5000人の応募者から選ばれた20代の若い役者が、29人います。私はネクストシアターに出向き、2人のシェイクスピア役者を自分の短編動画に出演してもらうことを許されました。蜷川さんに深く感謝します。この本と動画の完成を見ていただくことなく、蜷川さんは逝去されました。

その映像はインターネット上にアップされています。巻末のURLをご参照いただき、まずはお手本動画『ジュリアス・シーザー』を通しでご覧ください。

ご視聴、ありがとうございました。

さて、動画リストにはシーザーだけではなく、同じシェイクスピアの『ハムレット』、さらには、細かいテクニックのガイド映像もありましたね。順番に説明します。ここから、ネットに上がった無料動画を見て、プレゼンを理解したと思っている方々と、きちんとした対価を支払って、すなわち、この本を購読して情報を得た読者の方々との間に、格差をつけていきます。本の説明を読んで動画とつき合わせることで、圧倒的に理解度が深まるからです。

見本の『ジュリアス・シーザー』の動画では、本物の役者が一人二役でブルータスとアントニーを演じています。一人で両方を演じたほうが比較しやすいので、こうしました。

では、細かい発声技術の説明に入ります。

発声方法　セリフをどう読むか？

『シーザー』の台本を掲載した前のページを再度、見てください。日本語の通例として、平仮名とカタカナ、漢字が並んで表記されています。当たり前とお思いでしょうが、複数の表記からなる文章を人前で、大きな声で上手に読みあげるには、ひと工夫が必要です。

例えば、冒頭のブルータスのセリフを取り上げてみましょう。

ブルータス　ではついてこい、諸君、私の話を聞いてもらおう。
キャシアス、きみはむこうの通りに行ってくれないか、この人数を二手にわけよう。

私の話を聞きたいものはここに残るがいい、キャシアスについて行きたいものはむこうだ。

そのうえでシーザーを死にいたらしめた理由をあきらかにしたい。

これをプロの役者たちは、自分たちで工夫した記号を書き入れて、読み易くしています。漢字にルビ（振りがな）をふるように、―や↓や→などの記号を書き入れます。

どういうことでしょうか。まず、―という記号の使い方から説明しましょう。

では―ついてこい、―諸君、―私の話を―聞いてもらおう。
キャシアス、きみは―むこうの通りに―行って―くれないか、―この人数を―二手に―わけよう。

プロの役者は台本に書き込みをして、単語と単語の間を線の記号で区切ります。これは、セリフを途中で噛んだり、飛ばしたり、発声する時に忘れないように、単語や音節（一気に言ってしまう単語のグループ）で区切るのです。こうすることによって、声に出して読みやすくなります。
次に、
ついてこい、―諸君、
の中で、とくに「諸君」を強く強調したい場合、
ついてこい、―諸君↗!
と、↗! と、強調する記号を太く書き込みます。
ピアノの楽譜に書き込まれている、音の強弱を表す演奏記号がありますね。弱い方から強い方まで、ピアニッシモpp、ピアノp、メゾピアノmp、メゾフォルテmf、フォルテf、フォルテッシモffとあります。それと同じようにセリフの言い方に強弱をつけて、メリハリをはっきりさせるのです。音楽の楽譜と同じ使い方です。
その記号の意味は、ピアニッシモ・非常に弱く、ピアノ・弱く、メゾピアノ・やや弱く、メゾフォルテ・やや強く、フォルテ・強く、フォルテッシモ・非常に強く、です。この演奏記号を、プレゼン記号に流用して、セリフの横に書き込み、演技している役者もいます。
また、例えば『諸君』というセリフを発声する時に、噛む場合が多く、注意したい場合

は、次のように工夫します。

ついて ― こい、『諸君』↗！―

◎と『』をつけて強調し、『噛まないように』自分に注意を喚起します。マーカーを使って、着色するのもありです。すなわち、台本を自分なりの読み方ができるように、書き込みをして記号をつけながら、自分だけの台本にしていくのです。

次は、声のトーン、音階を変えるテクニックです。ブルータスの次のセリフで練習しましょう。

最後までご静聴願いたい。ローマ市民、わが同胞、愛する友人諸君！　私の話を聞いていただきたい、また聞くためには静かにしていただきたい。

まず、前出の記号 ― で音節に分けます。

『最後まで ― ご静聴願いたい。ローマ市民、― わが同胞、― 愛する ― 友人諸君！ ― 私の話を ― 聞いていただきたい、― また ― 聞くためには ― 静かにして ― いただきたい。』

最初の一行目から練習します。

最後まで↗ ― ご静聴願いたい↘

この『最後まで』と『願いたい』で、声のトーンを変えます。最初の『最後まで』は高いトーンの音階で、『願いたい』では低い音階に下げながら発声します。

斜め下の矢印↗を付記するとわかりやすくなります。そうやって発声してみると、相手に「お願いする」気持ちが伝わりやすくなるのです。次の行にいきましょう。

ローマ市民↑、― わが同胞↑、― 愛する ― 友人諸君↑！―

と、市民たちに呼びかけるセリフでは、「わが同胞」で仲間意識を盛り上げ、さらに「愛する友人」と続きます。ここは、テンションを上げながら発声すべきです。だから、トーンを三段階に分けて上げていくようにします。

トーンを変えないで同じテンションで発生する時は横→、上げる時は↑という記号を書き込んで、段階的に上がるトーンで読むといいでしょう。すなわち、「ローマ市民」に↑をつけて上げて、「我が同胞」でさらにもう一段階↑をつけて上げ、「愛する友人諸君」で、さらにもう一段階↑をつけて上げていきます。

上げ、上げ、上げです。こうやって、聴衆の市民たちの気持ちを盛り上げます。

さらに次の行、

私の話を　聞いていただきたい→、

ここでは、「聞いていただきたい」が意志の表示ですから、声を気張らず、相手にスッと自分の気持ちを手渡すように、発声するといいでしょう。すると、呼びかけに応じた市民たちの心の中に、あなたの意志が入り込み、聴衆から受け入れられるようになるのです。

次に行きます。

また―聞くためには―静かにして―いただきたい↘。

ここでは二度目の「いただきたい」が出てきます。一度目とは違うトーンで発声するようにしてください。そうしないと、芸域の狭い役者だと思われてしまいます。

芸域を広げるにはどうすればいいでしょうか。これから紹介する無料動画の中に、そのための様々なテクニックの解説があります。具体的には、抑揚を使い分けたり、コピー、モノマネをしたりする方法が紹介されていますので、楽しみにしてください。

セリフの基本的な発声方法がわかったら、次に『セリフの意味』を自分なりにつかんで具体的に表現し、観衆に伝わりやすくします。これも芸域を広げるテクの一つです。例えば、

キャシアスに―ついて行きたいものは↗―むこうだ☜。

この場合、「ついて行きたいもの」というセリフは、『人の気持ち』を意味しています。次の「むこうだ」は、『方向』を意味しています。この二音節は、言い方に変化をつけないと、観衆に意味が伝わりにくくなります。『気持ち』と『方角』を同じような表現で語ってしまうと、聞き手は意味を混同する可能性があります。「むこうだ」と言いながら、座って足を組み、膝の辺りを手で掻いたりしていたら、言われた側は、どこに行けばいいかわからないし、行く気も起きませんね。

したがって発声だけではなく、手を使った身振り、手振りも入れるようにします。「むこうだ」と言う時、手を使ってその方向を示します。手を使うシーンについては、シーザー、ハムレットの次の動画、「基本的な動き」の解説によい見本がありますので、一度ご覧いただき、確認してください。

これで、なぜ動画だけでなく、本による解説が必要なのか、理由がわかったことと思います。無料動画を見ただけの方は、なぜそれが必要なのか、説明がないのです。書籍をお買い求めいただいた方々にだけ、その意図や本当の意味がわかります。良い情報、必要な情報は、カネを出して買ったほうが得なのです。

次は、単語を強めて発声するだけで、セリフがよりクリアに伝わる技術を説明します。

そのうえで ─ シーザーを ─ 死にいたらしめた ─ 理由を ─ あきらかにしたい。

ここは、『シーザー』と『理由』の単語に『』のカッコを書き込むか、または□で囲みます。その部分だけ強く発声するようにする、たったこれだけで、セリフの意味がクリアに伝わります。

そのうえで─『シーザー』を ─ 死にいたらしめた ─ 理由 を ─ あきらかにしたい。

セリフの中心となる「中心語」をすばやく見つけられるようになれば、台本の読み込みが速くなります。この行を発声する時、さらに巧くなるには、

あきらかにしたい↗

の読み方を工夫するとよいでしょう。これは意思の表明ですから、調子を変えて強く読むことで相手に意志、気持ちが伝わるよう、丁寧な言い方を心がけます。すると自分の意思が伝わりやすくなります。

次に、役者の世界では「セリフに脚色する」と言う、セリフの言い方を決めていきます。観客からどう見られるかは、セリフの言い方一つで大きく変わります。例えば、ブルータスのセリフ。

私の話を聞いてもらおう。

これを、

私の話を ― 聞いてもらおう。

と、二つに分けて読むと、観客からは誠実な人のように見えます。しかし、私の話を―聞いて↑―もらおう↑。

三節に分けて、『聞いて』と『もらおう』を尊大に発声すれば、上から目線の「イヤなヤツ」に見えてくるから不思議です。

言い方ひとつで正反対の人間へと、見え方が違ってくるのです。だから演技のプロは、どのような人に見せればいいのかを想定して記号を書き込み、セリフに感情を乗せるわけです。いい人や誠実な人に見せたいのか、あるいは悪人、上から目線の人などを演じ分けることができます。

役者と違ってプレゼンに悪役は必要ありませんが、前章でみたような悪い印象を与える例を演じることができれば、その正反対の見せ方も容易に演じられるようになります。そうやって人柄を演出し、聴衆から好印象を持たれるように仕向けていくわけです。

もし、いちいち発声記号を書き込むのが煩雑《はんざつ》だと思われる方には、次のようなやり方がお勧めです。例えば「わたしの話を聞きたいものはここに残るといい」というセリフに、『わ』たしの話を－『聞』きたい『も』のは－こ⃝こにの⃝こるといい」と、単語の始まりに二重カッコ『』、もしくは○印を付けるだけで、音節のしゃべり出しを明確に意識して読めるようになり、発声が格段によくなります。

さて、ここまで読んでいただいた方は、台本に記号を記入した上で、動画の『シーザー』と比べるように意識しながら、必ず立ってしゃべる練習をしてください。座ったままではいけません。

まず、セリフの短いブルータスのパートで練習してから、次にセリフの長いアントニーに挑戦してみてください。次は、壇上での動き方のテクニックです。

壇上でどう動くか？　基本編

この節では『シーザー』をベースにしたプレゼン動画を、映画監督として映像分析します。そこから、壇上でどう動けはいいのか、基本から丁寧に解説していきます。

#ブルータスパート動画解析

プロの役者であるネクストシアター・松田慎也氏が演じてくれたブルータスのポイントを、以下に時系列を追って列挙してみましょう。

まずは、1分50秒から2分24秒で見逃してはならない点が出てきます。プレゼンを始める前、舞台の袖から中央の演壇に向かう間、漫然と歩き、何もしないでいいという決まりごとはありません。ここでブルータス松田は、袖で部下に指示を飛ばして存在感を示し、聴衆たちが自分の話を聞く準備をするように促しています。

このように、プレゼンの前、演壇に行く途中で、前説《まえせつ》のようなことをしてもいいのです。移動中の空間と時間も大切に使いましょう。その間に、観衆にアピールして、心と頭の準備をさせるのです。

2分25秒、ブルータス松田は演壇に上がると、持っている金属製のブリーフケースを、わざと音を立てて置きました。このようにセリフが始まる前に、ブリーフケースという小道具と、演壇という大道具を使って、物音を出します。その物音の後に、セリフを言い始めるのです。音を出す動きで、聴衆の注目を集める技術です。

2分30秒、ブルータス松田はさらに音を出しながらブリーフケースを開けて、中からナイフを取り出します。こうなると、音と小道具を巧みに組み合わせた演出で、聴衆の目と耳は壇上に集中せざるを得なくなります。プレゼンの冒頭では、できるだけ早めに聴衆を引きつける「つかみはＯＫ」と呼ばれるテクニックを駆使しなければなりません。それは言葉でしゃべるセリフ以外に、こうして小道具を効果的に使う手もありなのです。テイラー博士が、本物の人間の脳を持ちこんだのと同じ手法です。

2分43秒から48秒の、松田ブルータスのセリフの言い方に注目です。「ローマ市民、わが同胞、愛する友人諸君!」松田氏はこのセリフを、最初の「ローマ市民」を正面真ん中の観客に対して、「わが同胞」は左方向の客席の観客に対して、「愛する友人諸君」は、右側の客席の観客に対して、それぞれ目線を配り、セリフが聞こえるように発声しています。

まず聞き手の目線とアイコンタクトする。そして聴衆の耳に自分の声が聞こえるように、会場全体と交流する「動線」を敷設して、自分のメッセージが届くようにします。これはプレゼンの重要な基本テクニックの一つです。

次に3分18秒「この会衆のなかに、だれか……」という問いかけのセリフが始まると、ブルータス松田は演壇の後ろから舞台の前に出てきます。聴衆に問いかけながら、必要に応じて演壇の前に出て、聞き手と自分との間の距離を詰めます。距離を近くしてみせて、語り手の思いを身体の動きで表し、聞き手に伝えようとしています。

さらに4分19秒から21秒にかけて、「彼の野心には死をもって報いるほかないのだ」のセリフのところで、ブルータス松田は、演壇の上のナイフを手に取ってかざし、「死」というセリフの意味を動作で補強します。このように小道具は、セリフにこめた意味を強める道具としても使えます。

続いて4分22秒、ブルータス松田は、つかんだナイフを演壇の上に置きます。次の瞬間、「だれかここに、……名乗り出てくれ」と語り始めます。今度は小道具を、セリフのトーンを変えるタイミングで使ったわけです。『ナイフを置く』という動作の後に、しゃべり始めているのにお気づきでしょうか。小道具はセリフのトーン、リズムを変えるきっかけとしても使えるのです。

そして5分53秒から56秒、「もし祖国が私の死を必要とするならば……」のセリフの後、ブルータス松田は、自分の左胸、心臓のあたりを二度叩き、音を立てます。自分の身体を叩いて音を出すのは、有効な演技の手段です。この動作は、『自分の命を差し出す』ことを身体を使って表現しているのです。

最後に6分45秒から49秒の『足音』に注目です。ブルータス松田は演説を終えて退場する時、わざと大きな足音を立てて消えていきます。これは、効果的なサウンドイフェクトです。

足音を立てて、サウンドの余韻を残して会場から去る。よいプレゼンなら、聴衆の心にその足音が残ります。ちょうど、名作映画のエンドロールに流れる音楽と同じ効果で、映画の印象を観客に深く刻みこむのです。しかし、プレゼンが駄作なら、観客にとってその足音は騒音にしかなりません。惜しまれる退場ではなく、「はやく行けよ、オッサン」と心の中で罵倒されます。そのあたりの状況をよく見極めて、ご使用ください。

#アントニーパート動画解析

それでは次に、松田氏が二役目を演じるアントニーの動画の映像分析に移ります。まず7分29秒から8分6秒。このアントニーのプレゼンは、ブルータスの後攻めですから、自分の一つ前のプレゼンが大盛り上がりした場合にやるべきスタイルが示されています。

直前に盛り上がったプレゼンの雰囲気を受けて、会場に登場しなければなりません。ですから、静かに演壇に向かい、これからのプレゼンで果たして何が行われるのか、期待させる沈黙を作るべきです。

アントニー松田は、一人二役ですから、ヘアスタイルとネクタイを変え、メガネをかけて、ブルータスとの違いを強調しています。このように、同じ人物でも、少しの工夫で他人の雰囲気を出せるのです。

普段の自分のまま登壇してもかまいませんが、社内プレゼンの場合など、お互いに見知っているならば、いつもと少し違う服装や格好をして「つかみはＯＫ」を取るのもありです。とにかく壇上の自分に集中させることが優先です。

８分26秒、アントニー松田は、「親愛なるローマ市民諸君」のセリフで、舞台の下手《しもて》から上手《かみて》に目線を飛ばします。次に８分31秒、「我が友人」は、下手《しもて》に視線を飛ばします。「ローマ市民、同胞諸君」では上手《かみて》を向きます。プレゼンの基本である、聴衆と自分の間の「動線づくり」をきちんと行っています。

次に８分40秒、アントニー松田は、右手で前方を指して、シーザーの遺骸の位置を示します。この動作には、演壇にいる自分と聴衆の間に、語るべき対象があるという位置関係を明確にする意味があります。というのも、続く９分16秒、ブルータスについて語る時は、左手で上手を指すのです。これによって、自分の立ち位置が、対立するシーザーとブルータスの間に割って入ることを示しているのです。10分３秒「シーザーに三たび王冠を献げた」とアントニー松田が言う時、右手で舞台下手を指します。これは生きていたときのシーザーが、舞台の下手側にいることを表し、生きていたシーザーと死んでいるシーザーの位置を、異なる場所に示して、シーザーの死を皆に改めて知らしめています。非常に巧みな演出です。

続く10分14秒「ブルータスは公明正大な人物だ」で、アントニー松田は、右手で再び舞台の上手を指します。ブルータスの位置を改めて上手側に示すことで、自分は下手のシーザーとの間に入り、さらにブルータスと対立関係にあると示すのです。

このように、舞台上では、指差す方向を固定することで、人間関係やモノとモノの関係を動作で表すことができます。どの方向に何を、誰を示すか、準備の段階で決めておくべきです。

10分41秒、アントニー松田はメガネを取りました。これは、次の市民からのセリフを受けるための準備です。なぜなら11分7秒、市民たちが、アントニー松田を見て言うからです。「かわいそうに！　目を真赤に泣きはらしているぞ」。このセリフを受けるために、予めメガネを外していました。このように、小道具は最適なタイミングで使用されなければなりません。

11分53秒から55秒、松田氏はスーツの左の内ポケットから、シーザーの遺言状を取り出します。

何気ない動作ですが、舞台上で使う小道具を自分の衣装のどこにしまったかは、舞台に出る前に必ず確認するようにしてください。万が一、忘れてしまうと大変みじめな失態になります。

16分2秒、松田氏はシーザーの遺体を覆っていたマントを取り去りました。すみませんが低予算映画なので、中から現れたのは、椅子二つです。シーザーの遺体役の役者を用意する予算はありませんでした。しかし、ここで注目すべきは、椅子をあたかも遺体であるかのように見せるアントニー松田の力量です。聴衆の眼前で、Aという実在のモノを、Bという架空のモノのように見せてしまうのが、本物の役者の演技力なのです。

18分17秒、「これが遺言状だ」とアントニー松田が、内ポケットから紙を取り出して、読み始めます。ここで、見逃してはならないのは、手元の紙に視線を移すだけで、同じキャラクターが舞台上で違う世界に入りこむ点です。自分のプレゼン中、紙の上に別世界を作り出せるのです。これはぜひ、マネしてください。強調したいポイントやアピールしたい文言は、手紙から視線を外して、改めて聴衆を見渡します。そして再び手紙に視線を戻すと、手紙の中の世界に入って、場面を切り替えることができるのです。プレゼンの流れを変えたい時、最もたやすい手段が、紙や文書に視線を飛ばして、別の小さな世界を手元で作り出すことです。

19分2秒から4秒、アントニー松田は、最も重要な、「決め」の場面で、演壇の真ん中に戻ります。プレゼンで最も言いたいことを語る場合は、やはり演壇のある中央から。これも基本です。

最後に19分15秒から26秒にかけて、やや長めの沈黙があります。11秒の沈黙の後に、最後のセリフを言うのです。プレゼンの最中、絶えずしゃべり続ける必要はありません。『間』としての沈黙も大切です。なぜかというと、沈黙の後に発せられるセリフに重みが出るからです。

この動画のように、間をうまく使いこなせるようになったら、上級者です。

いかがでしょうか。シェイクスピアのドラマは、アクターズレッスンの最上の素材とされていますが、「プレゼンの話し方、動き方」の基礎としても、学べるテクニックが詰まっているのです。

松田慎也氏
（さいたまネクスト・シアター）

3章　聴衆を引きつける――『ハムレット』に学ぶ問いかけ・対話のコツ

問いかけ、語りかけの技術

プレゼンターは、複数の異なるしゃべり方を会得しておくと、プレゼンを有利に運ぶことができます。前章の『ジュリアス・シーザー』では、不特定多数の聴衆を相手にした、ブルータスとアントニーの、二通りの語り方の違いを学びました。

今度は、「自分自身に問いかけ、そして他者に語りかける」語りの違いを学びます。これによって、聴衆に話しかけるのと自分に問いかける、二通りのしゃべり方がプレゼンの中で使い分けられるようになります。おもしろいことに、自分自身に問いかけ、その気になるような語りを体得すると、他人もうまく説得し、その気にさせることができるのです。問いかけ、語りかけの技術を学ぶテキストとして、筑波大学の授業で数年かけ、いくつかのシェイクスピアの戯曲を試した結果、『ハムレット』が最適だとわかりました。中でも、第三幕第一場、ハムレットの独白の部分が最も有効でした。

以下に読んでいただくのは『ハムレット』の短編映画を撮る際に、監督である自分から役者への舞台上での動き、感情の起伏についての指示が#で書き込まれた台本です。まずご一読をお願いします。

『ハムレット』

（シェイクスピア全集　ウィリアム・シェイクスピア／小田島雄志・訳　白水Uブックスより）

第三幕　第一場　城内の一室

ハムレット登場。

（#監督の指示　ハムレットは、ブルースーツに黒いタイを締めている。靴音が一歩一歩、聞

こえる。革靴の立てる音が葬送のドラムのように聞こえる。一瞬の静寂)

ハムレット　このままでいいのか、いけないのか、それが問題だ。どちらがりっぱな生き方か、このまま心のうちに暴虐な運命の矢弾をじっと耐えしのぶことか、それとも寄せくる怒濤《どとう》の苦難に敢然と立ちむかい、闘ってそれに終止符をうつことか。死ぬ、眠る、それだけだ。眠ることによって終止符はうてる、心の悩みにも、肉体につきまとうかずかずの苦しみにも。それこそ願ってもない終わりではないか。死ぬ、眠る、眠る、おそらくは夢を見る。

(#スーツの上着を脱ぐ)

そこだ、つまずくのは。

(#スーツの上着を床に捨てる)

この世のわずらいからかろうじてのがれ、永《とこしえ》の眠りにつき、そこでどんな夢を見る?それがあるからためらうのだ、それを思うから苦しい人生をいつまでも長びかすのだ。でなければだれががまんするか、世間の鞭うつ非難、権力者の無法な行為、おごるものの侮蔑、さげすまれた恋の痛み、裁判のひきのばし、役人どもの横柄さ、りっぱな人物がくだらぬやつ相手にじっとしのぶ屈辱、このような重荷をだれががまんするか、この世から短剣のただ一突きでのがれることができるのに。

（#ネクタイを首に絞められた死刑用の縄から解き放つように、外す）

つらい人生をうめきながら汗水流して歩むのも、ただ死後にくるものを恐れるためだ。死後の世界は未知の国だ、旅立ったものは一人としてもどったためしがない。それで決心がにぶるのだ、見も知らぬあの世の苦労に飛びこむよりは、慣れたこの世のわずらいをがまんしようと思うのだ。

このようにもの思う心がわれわれを臆病にする、このように決意のもって生まれた血の色が分別の病み蒼ざめた塗料にぬりつぶされる、そして、生死にかかわるほどの大事業もそのためにいつしか進むべき道を失い、行動をおこすにいたらず終わる——待て、美しいオフィーリアだ。おお、森の妖精、その祈りのなかにこの身の罪の許しも。

（#黒いネクタイを、気持ちを切り替えるように、投げ捨てる）

（#オフィーリア登場。監督のコンセプトは、砕け散る、鋭くも脆いガラス細工の人形。相手に鋭く斬り込むが、それは自分のもろさを守るため。しかし、ハムレット相手にそれは、丸くなり、鈍り、自分を守り切れず、罅が入り、砕け散る。玉砕）

オフィーリア　ハムレット様、このごろいかがお過ごしでございましょう？（#手にファイルケース。恋する同僚に返却するものを持参したOL風）

ハムレット　よく聞いてくれた、元気だ、元気だ、元気だ。（#両腕のシャツをまくり上げる）

オフィーリア　ハムレット様、いただいた贈り物をここに、お返しせねばと気になっておりました。どうかお受け取りを。（#ファイルを渡そうとする。設定はビジネスのワンシーン。社内の廊下である）

ハムレット　いや受け取らぬぞ。なにもやったおぼえはない。

オフィーリア　（#意外な答えに少し驚きながら）ま、おぼえがないなどと、（#ガラスの鋭さで光る）そんなはずは。これにそえてやさしいおことばまで。そのためにいっそうこの品を大事に思っておりましたのに。その香りも失せました、お返しします。（#尖る）気高い心には、大事であった贈り物も、送り主の心が変われば大事でなくなるもの。さ、どうか。（#慎ましさと短気をはき違えた感じで）

ハムレット　ハッ、ハッ。おまえは貞淑か？

オフィーリア　え？（#意外な質問に驚く）

ハムレット　おまえは美しいか？
オフィーリア　なぜそのような？（#戸惑う、だがまだ、ガラスナイフの鋭さはある）
ハムレット　なに、おまえが貞淑でもあり、美しくもあるというなら、その貞淑は美しさをあまり親しく近づけぬがいいと思ってな。
オフィーリア　美しさには貞淑こそもっとも似つかわしいのでは？（#逆質問をして、平静さを保とうとする）
ハムレット　いや、そうではない、美しさは貞淑をたちまち売女《ばいた》に変える、貞淑のほうで美しさを貞女に変えようとしても力がおよばないのだ。このことば、以前は逆説であったが、いまでは時勢がりっぱな実例を見せてくれる。以前はおれもおまえを愛していた。
オフィーリア　そのように、ハムレット様、（#ここまでは従順に言う）信じさせてくださいました。（#最後に鋭く尖り、攻撃する）
ハムレット　信じてはならなかったのだ。もとの木がいやしければ、どんな美徳を接ぎ木しようとむだだ、いやしい花しか咲きはせぬ。もともとお前を愛してはいなかった。
オフィーリア　とすれば私の思いちがいはいっそうみじめなものに。（#ガラス細工にひ

びが入り、小さな崩壊が始まる）

ハムレット　尼寺へ行くがいい、罪深い子の母となったところでなんになる？　おれはこれで、けっこうまともな男のつもりだ、それでもなお、わが身のもつ罪悪をいくらでも数えられる、母よなぜおれを生んだ、と恨みたくなるほどだ。おれは傲慢だ、執念深い、野心も強い、その気になればどんな罪でもおかすだろう、それをいちいち、考えにまとめる頭も、形に描く想像力も、実行に移す時間もないぐらいだ。このおれのような連中が天地のあいだを這いずりまわって、いったいどんなことをする？　おれたちは悪党だ、一人残らず。だれも信じてはならぬ。尼寺へ行くのだ。父上はどこにいる？

オフィーリア　はい、家におります。（#辛うじて応える、陽炎のように全身の影が薄くなり、揺れている）

ハムレット　しっかり閉じこめておくのだな、外に出てばかなまねをしないように。さようなら。

オフィーリア　あのかたをお救いくださいまし、神様！（#他者である神に助けを求める。その場から逃げようとする）

ハムレット　もしおまえが結婚するというなら、（#しかし、ハムレットは神への言葉を壊すような言葉で圧する）持参金がわりに呪いのことばをくれてやる。たとえおまえが氷のように貞淑、雪のように清浄であろうと、世間のかげ口はまぬがれぬだろう。だから尼寺へ行け、尼寺へ。さようなら。どうしても結婚せねばならぬというなら、阿呆と結婚するがいい。利口な男なら、女房をもてば知らぬは亭主ばかりとなることを心得ているはずだ。さ、行くのだ、尼寺へ、一刻も早く。さようなら。

オフィーリア　神様、どうかあのかたをもとのお姿に！（#割れ、そして、砕け落ち始める）

ハムレット　おれも十分心得ているぞ、おまえたち女は紅白粉《べにおしろい》をぬりたくり、神から授かった顔をまるで別物にしてしまう、踊りさわぐ、尻をふって歩く、甘ったれた口をきく、神のお造りになったものにみだらな仇名をつける、ふしだらをしておいて、悪いこととは知りませんでしたなどとぬかす。ええい、もうがまんがならぬ、おかげでおれは気が狂った。これ以上結婚などは許さぬぞ、すでに結婚してしまったものはやむをえぬ、一組だけをのぞいてあとは生かしておいてやる。まだ結婚していないものは、一生そのまま一人でいるのだ。さ、行くのだ、尼寺へ。

（退場）

オフィーリア　ああ、あれほど気高いお心が、このように無惨に！　貴人の、武人の、文人の、そのまなざし、ことば、剣さばき、うるわしいこの国の希望とも花とも仰がれ、流行の鑑、礼節の手本とたたえられ、あらゆる人の賛美の的であったのに、みんな、みんな、おしまい！（#バラバラになっていく）
私はこの上なくふしあわせなかわいそうな女、あのかたの誓いのことばの甘い蜜を吸ったこの耳で、いま、あの並ぶものなき気高さを持ったお心の、ひび割れた鐘のような狂ったひびきを聞かねばならぬとは。あのたぐいまれなる青春の花のお姿が狂乱の嵐に吹き散ってしまった。（#さらに粉々になっていく）ああ、なんて悲しい、昔を見た目でいまのありさまを見るこの身が恨めしい！（#ガラスの破片が粉塵となって、風で吹き飛ばされて飛散する。その粉塵は、手に振れると痛く、足に刺さると激痛。喉に入れば、もっと痛いはず）
（#オフィーリアは身を翻すと壇上から降り、階段を天国に登るような足取りで退場）

『ハムレット』シナリオ解析

『シーザー』と同じく、恐れ多くもシェイクスピアの戯曲を、映画監督の私が分析します。

冒頭、ハムレットはこう言い放ちます。

ハムレット　このままでいいのか、いけないのか、それが問題だ。

有名なセリフです。「生きるべきか、死ぬべきか、それが問題だ」の日本語訳でも有名です。

ハムレットはいきなり最初に、問題点を持ってきたということです。これから、自分が何の問題に関して言及するのか、聞き手である自分自身に知らしめています。

本書1章ではあのテイラー博士が、実物の人間の脳を持ち出して、観衆の「つかみ」に利用しました。ここではセリフで自分に語りかけて、生きるか死ぬかの重大な二者択一を迫り、プレゼン冒頭に必要な「つかみ」を達成しています。

続けてハムレットは、どちらも立派な生き方だとしつつ、二つの解決策を提示します。問題提起の後、すぐ解決策を複数提示するのは、聞き手の集中を切らさない効果がありますから、プレゼンには有効な方法です。具体的には「暴虐な運命の矢弾をじっと耐えしのぶこと」と、「寄せくる怒涛の苦難に敢然と立ちむかい、闘ってそれに終止符を打つこと」の、二つの選択肢をあげて、これから自分がどのように行動すればいいのか問います。さらに、この相反する生き方を乗り越える解決策を出します。

ハムレット　死ぬ、眠る、それだけだ。

耐えるのも闘うのもやめて、死ぬことを選ぶというのです。しかしハムレットは、性格が暗いので、どこまでも問題を掘り下げて、さらに先の問題点を発見して、悩みます。

ハムレット　それこそ願ってもない終わりではないか。死ぬ、眠る、眠る、おそらくは夢を見る。そこだ、つまずくのは。

いやそれはどうでしょう、死んだら夢は見ないと思いますが、ハムレットは夢見る王子様ですから、夢を見てしまうのでしょう。

このように、起こり得る事態を推測して、どんな問題が発生するかシミュレーションして、発見した問題の解決案を提案するのも、プレゼンの大切な役割です。ハムレットは、永遠の眠りについた、つまり死んだ後も、夢を見るかもしれないと思い至ります。これが観客にとって、意外性のある問いかけになっています。

死んでも夢を見てしまうかもしれないと、どこまでも続く悩みの深さに気づいたハムレットはさらに悩みます。冗談のようですが、フィクションのドラマですから、大げさにマネしやすいのです。ハムレットの、問題を自らに問いかけて考えを深める場面は、自分に語りかけるプレゼン技術の格好の訓練になります。読者の皆様もぜひ試してください。やり方は、

①まず、悩みがあるかどうか、声に出してみる。

②もし、悩みがあるなら、「何に対して悩むのか?」、逆に、何に対しては悩まないのか?」を言葉に出して、一人で自分に問いかけます。そして色々な解決策を出し、それを

③「実行するか、しないか」を声に出して、悩み続けます。ここまで深い洞察、推測をすれば、相当、いい練習になります。ハムレットのセリフをマネてみるだけで、自然と身につくはずです。ハムレットは、たとえ自分が死んでも問題が解決しないことに気づいたわけです。そこでさらに、結論を導き出します。

ハムレット　それが（死んでから夢を見るということが）あるからためらうのだ。それを思うから苦しい人生をいつまでも長びかすのだ。

死んでから夢を見て、また、悩む。だから死なない選択をしたハムレット。今度は、生き続けるなら遭遇するであろう苦難のリストを羅列します。さすが王子様です！

セリフを整理すると、「世間の鞭うつ非難、権力者の無法な行為、おごるものの侮蔑、さげすまれた恋の悩み、裁判のひきのばし、役人どもの横柄さ、りっぱな人物がくだらぬやつ相手にじっと忍ぶ屈辱」を列挙したハムレットは再び、生きていくのがイヤになります。

だったら、永遠の眠りについて、夢見て悩んでいたほうがマシなような気がしてきます。

ハムレットは再度、生きるのをやめて死んだほうがいいのではないかと、揺れ動きます。

ハムレット　このような重荷をだれががまんするか、この世から短剣のただ一突きでのがれることができるのに。

また、死ぬことを考えます。しかしそれでも、ハムレットの思考は止まりません。死んでから行く黄泉の国から誰も戻って来ない事実に気がつきます。そして、ハムレットは、今度こそ一つの結論を導き出したように見えます。

ハムレット　見も知らぬあの世の苦労に飛びこむよりは、慣れたこの世のわずらいをがまんしようと思うのだ。

死後、未知のあの世への不安が、この世で人を生かし続けるという哲学的結論を導き出して、生きるという結論になったかと思いきや、次のセリフで再び悩み始めます。

ハムレット　このようにもの思う心がわれわれを臆病にする、このように決意のもって生まれた血の色が分別の病み蒼ざめた塗料にぬりつぶされる

さっそく決意が鈍ります。

ハムレット　そして、生死にかかわるほどの大事業もそのためにいつしか進むべき道を失い、行動をおこすにいたらず終わる

再び行動を起こさないという出発点に立ち戻って、プレゼンを終えようとします。その時、将来を約束した恋人のオフィーリアが登場して、ハムレットは決意します。ここです。

ハムレット　待て、美しいオフィーリアだ。おお、森の妖精、その祈りのなかにこの身の罪の許しも。

ハムレットは、自分の命を懸けて、復讐することを決意したのです。

さて、ここから、オフィーリアが登場しますが、彼女とのやりとりが、後で詳しく述べるように、プレゼンの後の質疑応答、Q&Aセッションに大いに関係してきます。この点が、無料動画を見ただけの人にはわかりません。オフィーリアが出てきた理由をいますぐ知りたい方は、8章を先にお読みください。

『ハムレット』動画解析

ここからは『ハムレット』動画の映像分析に入ります。本章の冒頭で、自分自身に問いかけ、語りかける技術を習得するためにハムレットを取りあげたと書きました。まず、その基本がわかるシーンから説明しましょう。

具体的には22分20秒から30秒、ネクストシアター・竪山隼太《たてやまはやた》氏が演じるハムレットのセリフに注目です。

「おそらくは夢を見る。そこだ、つまずくのは」

自分に語りかけるテクニックで重要なポイントは、目線の配り方です。アントニーやブルータスを演じた場面では、観客とアイコンタクトをしていましたが、自分に語りかけるハムレットには、違うアプローチが必要になります。これが本書で強調する「なりきる」テクニックです。『ハムレット』は、その訓練の最良の教材なのです。

ハムレットの視線の先にいるのは自分自身。自らの分身に語りかけていて、聴衆ではありません。その様子を見ている観客は、ハムレットの内省の世界に引き込まれます。これは語り手に竪山氏のような魅力がないと難しいように思えますが、プレゼンの発表内容が抜群なら、難なく引き込むことが可能です。

プレゼンでは基本的に、聞き手と目を合わせることが必要ですが、この場合だけは、視線を送る相手を自分自身と思ってしゃべるよう心がけてください。自分に語りかけることで「なりきる」テクニックの基本は、観客の目を見ないようにしながら、視線の配り方に気を使うことです。プレゼンターは目線の先に自分自身を見て、聞き手を自らの世界に誘い込むのです。

動画では22分28秒から32秒にかけて、「旅立ったものは一人としてもどったためしがない」のセリフの後の竪山ハムレットの視線に注目です。観客の頭、つまり聞き手の目線の上あたりに視線を漂わせています。これが聞き手を自分の世界に呼び込む、一人語りの技術です。重要なテクニックですから、ぜひマネしてみることを勧めます。竪山ハムレットの視線の送り方を、くり返し見て参考にしてください。

続いて23分10秒から15秒、竪山ハムレットは、舞台のちょうど真ん中あたりに腰をおろします。ここはちょうど、観客がいる「この世」と、役者の演ずる「あの世」の境界線です。プレゼンにおいて、聞き手に近づきながら舞台に座ってみせるのは、話し手と聴衆のあいだの壁や境界をぶち破るテクニックです。同時にそれは、聞き手との距離を詰めるワザでもあります。

竪山ハムレットは、まず視線で観客を自分の世界に引き寄せ、さらに物理的な境界線を破り、聞き手の意識を舞台の上の世界へ、一本釣りしようとしているわけです。プレゼンターは、釣りの名人にならないといけません。観客は、海に泳ぐ魚の群れです。釣り針にあたる視線で聴衆を引っかけて、釣り糸を引き寄せるがごとく舞台、つまり船の上に引き寄せ、釣り上げます。それに成功した時点で、聞き手はまな板の上の鯉、完全に語り手のコントロール下に置けます。

こうして「なりきる」方法がおわかりいただけたでしょうか。プレゼンでもっとも大事なことは、自分のキャラクターを把握し、他人からの見え方をよく自己分析して、自分らしく見えるように演じることです。アクターズレッスンというと、プロの役者のための演技の勉強だと思う方も多いでしょうが、話し方や動作に「自分らしさ」をつけると、自分も他人もその気にさせて、プレゼンの説得力がこれ以上ないほど増す効果があるのです。テイラー博士のプレゼンでも、自問自答と、聞き手への語りかけが巧みに使い分けられていたことを思い出してください。

全編にわたって問いかけや対話が続く『ハムレット』のこの一幕は、自問自答と他者への問いかけをうまく使い分けて話す、絶好の訓練になります。筑波大学の授業でも、学生がこの場面を何度か演じるだけで、圧倒的にコツをつかんでいくのです。おそるべし、シェイクスピア。

とりわけ対話のテクニックが必要とされるのが、プレゼンの終わりに設定される質疑応答の時間ですが、『ハムレット』はここでも最強の教科書になってくれます。24分ちょうど、ここから舞台女優として活躍中の北川《きたがわ》千晴《ちはる》演じるオフィーリアが舞台に登場し、二人芝居になります。

なぜプレゼン指南書なのに、二人登場するのか？　詳しくは後の章で説明しますが、要はQ＆Aセッションの訓練になるのです。プレゼンというのは、一人でやるものではなく、自分と聴衆との間の対話を積み重ねることで成立します。しかし日本人のプレゼンは、語り手しか想定されていない、聞き手とのコミュニケーションは二の次という一方的なケースが多すぎますので、本書では特に8章に質疑応答の章をもうけて、「ハムレット」を基礎台本として使います。ですので、ここからは、北川オフィーリアの動画分析も並行して記述していきます。

24分15秒から18秒、北川オフィーリアは、竪山ハムレットとアイコンタクトして、わずかな間をおいてセリフをしゃべり始めます。これは無言の挨拶であり、また観客に「これから二人の芝居が始まりますよ」という合図でもあります。ちょっとした間があると、聴衆は二人の会話に自然に入っていくことができるのです。

24分24秒から26秒、竪山ハムレットが「よく聞いてくれた、元気だ」と答えます。北川オフィーリアは、そのセリフを、わが身にふりそそぐ暖かい太陽光のように受け止めています。自分の言葉が相手にどう届いているかがわかります。逆にプレゼンターは、聞き手がこのような表情になっていたら、第一段階の『つかみはＯＫ』ができていると判断してよいでしょう。

25分5秒から8秒、北川オフィーリアは、バラバラに散らされた紙を集めて、「さ、どうか」と竪山ハムレットに返そうとします。自分の思いを小道具の紙片の束にのせて、返しているのです。小道具にはこうやって自分の『想い』をのせることができます。

直後の25分42秒から46秒、竪山ハムレットの残酷な言葉に、北川オフィーリアが凍りつきます。相手のひどい言葉に対して、身を固くする反応です。このジェスチャーも立派な会話です。セリフを発せずとも、相手に意思を返しているからです。プレゼンターとして、こういった表情を観衆の中に見つけたら、崩壊の兆候と見るべきでしょう。質疑応答は厳しいものになるかもしれません。

26分3秒から6秒、竪山ハムレットから、「尼寺に行くがいい」と激しく言われた北川オフィーリアは、激しく舞台に倒れます。これによって二人の間に『上下』の関係ができたことが明確になります。二人がどうなったか、観客はひと目でわかる。舞台上の位置取りによって人間関係をあらわす演出は、テイラー博士の一人二役でも見ましたが、きわめて効果的ですので、可能なら試みるようにしましょう。

27分2秒から9秒、竪山ハムレットが低い姿勢になり、北川オフィーリアと同じ高さになります。これは、同じ視線の高さになって、さらに強いメッセージを相手に伝える技術です。親が子供にものを言い聞かせる場合、しゃがんで子供と同じ視線の高さになるのと同じことです。

27分39秒から54秒にかけて、竪山ハムレットが北川オフィーリアを抱き起こして、メッセージを伝えます。これは『とどめ』です。先ほどよりもさらに強く伝えるために、ボディコンタクトして、自分に無理矢理、視線を向けさせます。28分2秒から4秒、北川オフィーリアの右手を竪山ハムレットが解きます。拒絶を身体の動きで表したのです。身振りはセリフ以上に意思をわからせることができます。

同様に28分15秒から17秒、竪山ハムレットは、北川オフィーリアを抱き寄せます。しかし、体の上下関係では、相変わらず竪山ハムレットが上です。格闘技なら、完璧にホールドを決めて、相手をコントロール下に置き、動きを止めていることを意味します。そして28分25秒、竪山ハムレットは、北川オフィーリアを捨てるのです。舞台上に二人いると、このように、ひと目見て人間関係がわかる、いろいろな表現が可能になります。対話や語りかけの絶好の訓練になることがよくわかるでしょう。

28分31秒、北川オフィーリアは、竪山ハムレットが退場し、足音が消えてから一呼吸おいて、セリフを言います。ラストに、どのタイミングで最後の締めのセリフを言い始めるのかも、とても大切なことです。

竪山隼太氏
（さいたまネクスト・シアター）

4章 壇上での効果的な発声、目線、身振りと失敗をリカバーするルール

プレゼンの舞台上でどう動くか、応用編

今度は『ジュリアス・シーザー』『ハムレット』の「お手本編」の次に動画リストに載っている、「テクニック編」をご覧いただきます。

タイトルの通り、壇上での細かい動きのテクニックを一つずつ説明しますが、本章も、本をお買い求めいただいた読者の方だけがよくわかるように、ネット上の無料動画を見ただけでは見逃してしまう詳しいポイントを説明し、情報格差をつける内容になっています。

中味は、過去数年間の筑波大学の授業に参加した学生たちの、ありがちな壇上での動きのミスを集めて、どう修正すればいいのか、具体的にまとめたものです。映像を監督した私が、役者に渡した撮影台本につけた注釈を文章の解説で示し、立体的に理解できるようにしてあります（一部、完成版動画と台本のセリフが異なるシーンがあります。すべてが台本通りにいかないのも映画の醍醐味《だいごみ》だと思って下さい）。

基本となるスキル、声の出し方については、すでに2章で解説しました。しかし、それだけではよいプレゼンになりません。以下の項目を順番にクリアしていくことで、自然に動き方が身についていきます。

●目線の配り方
●手の使い方
●動き方
●しゃべり方
●身体の効果的な使い方

これらができるようになれば、かなり高いレベルのプレゼンになります。では、動画のポイントを解説していきましょう。

オープニングに登場するのは、舞台上の動きをあれこれ試演してもらう、CAT11の4人です。彼女たちは普段、舞台女優や司会者、タレントとして個別に活動しながら、ガンアクションの演技ができるガールズユニットとして、映画や雑誌、写真集やイベントなどに出演しています。

スーツ姿の彼女たち演じる営業部隊の整列している画面《フレーム》に、教官コミネが入ってきました。

コミネ「私が、君たちが営業するために武器となる、プレゼンの基本を教えるコミネです。よろしく」

CAT11（清水日向子《ひなこ》、秋場由香《あきばゆか》、北川千晴、比嘉《ひが》セリーナ）あいさつ

コミネ「これから君たちは、『ジュリアス・シーザー』三幕二場の、ブルータスまたはアントニーを演じて、『芝居の練習におけるダメ出し』を受けながら、プレゼンスキルを磨いてもらいます」

しゃべり方、声の出し方

まずは基本の発声から。コミネが指揮者のように、手を振りながら強弱をつけます。CAT11はそれを見ながら、ブルータスのセリフ「最後までご静聴願いたい。……また信じるためには私の名誉を重んじていただきたい」を読みます。大学の授業でも、まったく同じように訓練しています。

コミネ「これは、大学の学生もやっている声出しの基本です。左手を前に出すと、声を強く」

CATが強い声で発声します。

コミネ「左手を後ろに引くと、声を弱く」

CATのセリフを読む声は弱くなっていきます。

コミネ「さらに左手を上に上げると、大きな声。左手を下に下げると、小さな、囁《ささや》く声になっていく」

CATのセリフも、大きな声から囁く声になっていきました。次は声のトーンです。

コミネ「右手の手の高さは、声の音階でいうと、高い低いを指示していきます」

右手を上げていくと、CATも低い声から高い声に変わっていきます。

こうして、セリフにふさわしい抑揚をつけるため、左右の手を動かし、声の強弱や高さ、低さを変化させていきます。

コミネ「それらを総合して、ブルータスのセリフを読んでみると、こうなります」

CATが「最後までご静聴願いたい……また聞くためには静かにしていただきたい」を読みあげますが、動画の冒頭と比較して、発声も声の通りも、明らかによくなっていることがわかるでしょう。演劇に限らず、舞台上のしゃべりで声出しの練習がいかに重要か、一目瞭然です。

コミネ「こうやって、声を出す基本を学びます」

目線の配り方

次は目線です。声の出し方、しゃべり方を身につけた後に大切になるのが、目線の配り方です。

聴衆に向けて、適切に目線を配りながらしゃべることは、素人にいきなりやれといっても、なかなかできません。特に本番では、原稿を読むことに一生懸命になってしまうからです。

そこで、筑波大学の授業で試行錯誤の結果、考え出されたのが、この方法です。

1から5までの数字が書かれた紙を、右から左の順番で、教室の後方に、適当な間隔で貼ります。次にプレゼン台本のセリフの横に、「1」「1から3」などと、視線の位置を書き込みます。

台本を読みながら『目線を配る場所数字の表記』まできたら、その番号の位置に目線を飛ばす、または、数字の間を移動させます。こうやって練習していくと、やがて学生も不思議なくらい自然に、しゃべりながら目線を配ることができるようになっていきます。これは、数字の紙と台本を見て練習をくり返さないと、本番では絶対に自然な動作にはなりません。

文章ではピンとこないかもしれませんので、動画で見てみましょう。最初に登場するのは、まっすぐ前だけを見て、ブルータスのセリフをしゃべり続ける北川千晴です。

北川「またもしその人が、ブルータスのシーザーを倒した理由を聞きたいと詰問されるなら……シーザーは私を愛してくれた、それを思うと私は泣かざるをえない」

コミネ「これでは、マネキンがしゃべっているようです。生きている人間は、目線を配りながらしゃべるのが効果的です」

目線を配りながら同じセリフを読んでみると、明らかに違って見えます。「……それ以上にローマを愛したためであると」

コミネ「カット！　よく出来ています。どうやって練習しましたか？」

北川「練習方法としては、最初はまず鏡の前でやり、様々な方向に目線を飛ばしてみて、それを自分自身で確認します。次に室内の見るべき所の5か所に、数字の1から5まで書いて、貼ります。そこに視線を飛ばしてみます。飛ばすタイミングは、自分のプレゼン台本に書いておくといいです」

1から5までの数字が印字されたA4の紙が、ホール後方5か所に、120度の角度で、扇状に貼り出されている様子が映ります。

コミネが「1、2、3、4、5」と読み上げると、北川は1から5に視線を順番に飛ばしていきます。「1、5、3」と読めば、そこに視線を順番に飛ばします。

コミネ「そして、自分のプレゼンで5つのどの方向を見ればいいか、1から5までの視線の方向をどこにどう記すか、演出方法を考えてください」

同じ「……ローマを愛したためであると」のセリフの、どのタイミングでどこに目線を送るか、さらに実践的に演出を工夫した動画がこの後に収録されていますので、ご確認ください。

舞台の上での動き方

目線の配り方の後は、プレゼンの舞台の上でどう動くか？　です。

悪いプレゼンの見本であげた、一歩も動かない、または、数歩ずつ決まった歩数しか動かない例を思い出してください。何も意識しないと、こういう身についたクセが出てしまい、あなたの動作も固定化されてしまうのです。では、どのようにすれば、動けるようになるでしょうか。

動画では、「舞台の上での動き方」のテロップの後で、CAT11の清水日向子が、舞台の上で、微動だにせず、アントニーのセリフをしゃべる様子が映ります。

清水「わが友人、ローマ市民……シーザーもそうあらしめよう」

コミネ「カット！　一歩も動かないのは、やはり不利です。視線を動かすように、身体も適度に動かすと、プレゼンに有利となります」

直立不動のままでは、プレゼンは本当に不利になってしまうのか、一体「どう動けばいいのですか？」と、授業を聞いている学生からよく質問を受けます。

そんな時、私の頭の中に思い浮かぶのは、21世紀初頭、ゲーム業界で働いていた頃の経験です。SONYが鳴り物入りでプレイステーション2を発売した当時、私はある米国系ゲームメーカーで、ゲーム製作にいそしんでいました。最初に担当したのは、モーションキャプチャーでした。

ゲームに登場するCGキャラが自在に動けるよう、プログラムに人間の動作のデータを読みこむ作業です。カナダのスタジオで一か月間、アクション女優の身体に十数個のピンポン玉をつけていろいろ動いてもらい、データを取りました。まず立って両手を広げる動作から始めて、ピンポン玉の動きを読みとり、データ化したのです。これがゲーム中のCGキャラに送り込まれて、人の動きをトレースし、同じように動くわけです。
学生に必要なのは、それと同じプログラムだと気がつきました。プレゼンに必要な動きを、学生に一つずつ見せながら、教えこんでいきます。それを動画で再現してみました。
以下のポイント解説を読み終わり、さらに動画とあわせて、自分で練習してみると、プレゼンの舞台上の動きが、一通りできるようになっているはずです。
最初は清水日向子がアントニーのセリフを、前に動きながら読む動作から。

清水「わが友人、ローマ市民、同胞諸君、耳を貸してくれ」
コミネ「セリフを強調したい、関心を引きつけたい時、前に動くのは効果的です」

次に清水は、手を広げて、後ろに下がりながらセリフを言います。

清水「高潔なブルータスは諸君に語った、シーザーは野心を抱いていたと」

コミネ「こうやって聴衆に広くアピールして、聞いてくださいというメッセージを伝える。どうですか、このアイデアは？　などと問いかける時に、この動きは有利です」

さらに、右に動きながらセリフを読んでみます。話を次に展開したい時に使います。

清水「そうであれば、それは嘆かわしい罪にほかならず、嘆かわしくもシーザーはその報いを受けたのだ」

コミネ「これは、プレゼンの始まりや、話を次に進めたい時に有利。日本人はセリフを縦書きで、右から左に読むからです」

今度は逆に、左に動きながらセリフを読みます。これは話の締め、結びに使うと有効です。

清水「あとはなりゆきまかせだ。わざわいのやつ、動きはじめたな、好きなところに行くがいい！」

郵便はがき

52円切手を
お貼り
ください

1010003

東京都千代田区一ツ橋2-4-3
光文恒産ビル2F

(株)飛鳥新社　出版部第一編集

『最強のプレゼン』
読者カード係行

フリガナ ご氏名	性別　男・女 年齢　　　歳
フリガナ ご住所〒 TEL　　（　　　）	
ご職業　1.会社員　2.公務員　3.学生　4.自営業　5.教員　6.自由業 7.主婦　8.その他（　　　）	
お買い上げのショップ名　　所在地	

★ご記入いただいた個人情報は、弊社出版物の資料目的以外で使用することはありません。

このたびは飛鳥新社の本をご購入いただきありがとうございます。今後の出版物の参考にさせていただきますので、以下の質問にお答えください。ご協力よろしくお願いいたします。

■この本を最初に何でお知りになりましたか

1.新聞広告（　　　　　　新聞）　2.雑誌広告（誌名　　　　　　）

3.新聞・雑誌の紹介記事を読んで（紙・誌名　　　　　　）

4.TV・ラジオで　5.書店で実物を見て　6.知人にすすめられて

7.その他（　　　　　　）

■この本をお買い求めになった動機は何ですか

1.テーマに興味があったので　2.タイトルに惹かれて

3.装丁・帯に惹かれて　4.著者に惹かれて

5.広告・書評に惹かれて　6.その他（　　　　　　）

■本書へのご意見・ご感想をお聞かせください

■いまあなたが興味を持たれているテーマや人物をお教えください

※あなたのご意見・ご感想を新聞・雑誌広告や小社ホームページ上で

1.掲載してもよい　2.掲載しては困る　3.匿名ならよい

ホームページURL http://www.asukashinsha.co.jp　　最強のプレゼン 2017.01

コミネ「聞き手の意識を自分に集中させたい時、あるいは次の人に順番を譲る、プレゼンの最後に有利な動きです」

どうでしょうか？　少し動けるようになってきたと思います。舞台上ではこのように、自分のしゃべっている内容や意味が観客にどう伝わるか、どう伝えたいかを意識して、常に効果的に動くよう心がけましょう。

失敗、ミスった時の対策

次のポイントは、失敗をリカバーする方法です。人は必ずミスをします。不正確だから人間らしいのですが、その人らしさがにじみ出る瞬間でもあります。

だからこそ、ミスが出た時にどうやって挽回できるかに、プレゼンターとしての真価が問われます。これも学生から、「どうすればいいでしょうか」とよく聞かれますが、以下のようにしてみるのはどうでしょう。

動画ではＣＡＴ11の比嘉セリーナが、ブルータスのセリフでいくつか失敗例を演じてくれます。

比嘉「最後までご清聴願いたい、ローマ市民……私の名誉にかけて私の言葉を信じていただきたい」

最初のセリフで噛むと「ちぇっ」、言い間違いをすると「じゃなくて、NO！」セリフを忘れると、「あっと、なんだっけ？」ドンと床を踏み鳴らす。手の動きを忘れて間違ったポーズを取ると、「あれ？」最後に、左右を見なければならないところで上下を見てしまい「あっ、違う」。

間違えた時、乱暴な素の自分が出てしまう、これらのリアクションはダメです。醜態をさらすくらいなら、失敗しても、そのまま何もなかったかのように、無視して続けることが大切です。

プレゼンで失敗すると、隠していた自分が出てしまいます。ミスを無視して平然と続ければ、見ている側からは、

「おっ、こいつは失敗しても気にしないで平然としている、できるヤツだな」

安心して見ていられると、上司や部下は思うはずです。一方、失敗していらついたり、怒ったり、短気でかんしゃくを起こすようなプレゼンでは、

「あっ、こいつは危機に弱い。安心して仕事を任せられないな」

などと仕事上のマイナス評価につながります。プレゼンは仕事能力を試される場でもあります。論より証拠、「ミスをしても前に進む努力を」とテロップが出た比嘉セリーナの、今度は同じように失敗しても平然と続ける動画を見比べてください。

比嘉「……私の言葉を信じていただきたい」

セリフが終わり、正面を見てニコリと笑う。同じ人なのにしっかりしているように感じられ、これならミスがあっても、大目に見てもらえそうです。前の動画とは受ける印象が大違いです。

5章　自分に〝なりきる〟ための自己分析

——「らしさ」の演出方法

失敗を逆利用する

前章に引き続き、動画「テクニック編」の解説、後半戦です。

次は、プレゼンの失敗のマイナスを、返し技でプラスに転じる、少し高度な技をお教えします。

ここでポイントになるのは、自分のキャラクターをうまく出すことです。計算した上で、自分をちらりと見せることによって、プレゼンに自分の色をつけることができます。

うまくいけば、見た人から「いざという時、頼りになる」との評価が得られるでしょう。計算というと難しそうですが、これも動画で見ればわかりやすいので、前節で見た比嘉セリーナの演じ分け動画をもう一度題材にしてみます。

コミネ「プレゼンに失敗はつきものです。この失敗を逆に利用します」

比嘉「最後まで御静ちょ……（英語で失敗したな、と可愛らしく言う）」

噛んでしまいましたが、「前に進む努力」でうまくごまかしました。このように若輩の可愛らしいキャラで、しかも言葉が多少拙いような場合（彼女は日系米国人）、失敗をジョークにすると好意的に受けとられることがあります。

しかし、キャラが合わないと悲惨なことになるので、気をつけてください。

自分のキャラクターをつかむといっても、往々にしてそのキャラは「自分は人からこう見られたい」という願望がまさり、勘違いな「格好をつけすぎた」プレゼンとなっているビジネスパーソンが、日本開催の『ＴＥＤ』で多数見られました。ただでさえイヤミな印象を与えているのに、面倒くさい上司やクライアントの前で、その「周囲からこう見られたい願望キャラ」で、失敗を格好よくカバーしようとすると、ドン引きされてしまいます。客観的に言って、二枚目や、可愛いキャラで本当に通用する人はほとんどいないと思って間違いないです。自分の正確なキャラをつかまないまま突き進むと、リカバーできず、マイナスポイントを増やしてしまいます。

動画ではキャラに合った反応に変えると、落ち着いて見られるようになりました。このように、自分のキャラをつかむことが大切なのです。

手の使い方

次のポイントは、手の使い方です。身振り手振りという言葉があるように、人間は言葉がなくても、手だけでコミュニケーションすることができ、多様な表現も可能です。

1章で悪いプレゼンの最初の見本として紹介した『ウィリアム・ノエル　失われたアルキメデスの写本の解読』では、両肘の高さから、まったく腕が上がっていませんでした。あれでは手の動きで何かを伝えることはできません。CAT11の秋場由香に、動画で悪い例とよい例を演じ分けてもらいました。

コミネ「まずは、ダメな例です」

演じる意図がよく伝わらない、過剰な演出。手を震わせながら指先を凝視しつつ、秋場がアントニーのセリフ「シーザーは私にとって誠実公正な友人であった」をしゃべりますが、明らかに変に見えます。

次の悪い例は、手の指先まで神経が届かないケース。秋場が「このようなシーザーに野心の影が見えたろうか？」と言いながらシーザーのほうを指差す時、手の形があいまいで、伸ばしかけた指も二本になっています。これでは疑問の意図が正しく伝わりません。

コミネ「指先まで気を配り、注意する。この場合は、指先を伸ばします」

指を差し直してもう一度セリフを言うと、意図が伝わります。このように、手を使う場合は指先まできちんと気を配ってください。指先がピンと伸びていると、動作もきれいに見えます。

次は、仕草の工夫です。

コミネ「仕草にバリエーションを持たせると有利です」

仕草とは広辞苑によると、「①しぶり、しうち。「少女のような――」②（「科」とも書く）舞台における俳優の表情・動作。所作（しょさ）」とあります。プレゼンターが、少しの動作で身のこなしを変えることで、動きに様々なバリエーションがつけられるのです。それにより、技量に幅を出すことが可能になります。

たとえば秋場は、「貧しいものが飢えに泣くときシーザーも涙を流した」と言いながら、涙を拭《ぬぐ》う仕草をします。さらに同じセリフをうつむきながら演じ（動画の「仕草2」）、さらに天を仰ぎながら演じ分けます（「仕草3」）。このように、まったく同じセリフでも、仕草を変えるだけで、大きな変化が出ることがわかります。

続いては「手で音を出す」。

コミネ「手を使って、身体の部位を叩いて音を出します。これはセリフ以外の音として使えます」

動画では秋場が「見ろ、ここをキャシアスの剣が突き抜けた」とセリフを言いながら、胸を叩いて音を出しています。手で身体のどこかを叩いて音を出すのは、演劇のテクニックですが、プレゼンのテクニックとしても使えます。動画では、胸に剣が突き刺さったことを強調するために使っていますが、ビジネスシーンでは、胸をポンと叩いて、

「この案件を私にお任せください」

と言えば、多少演技がかっていても、自分を強く相手に売り込むプレゼンになります。

また、ワイシャツの腕をまくって、その腕をバシンと叩いてから、

「この私にお任せください」

と言えば、自分の腕のよさを売り込む仕草になります。

以上、見ていただいたように、手や指先は、雄弁に表情をあらわし、セリフ以上にものを語ることができるのです。動画では最後に秋場が、完璧な手の動きの見本を演じてくれました。「見ろ、ここをキャシアスの剣が突き抜けた……シーザーの血はその後を追ってほとばしり出たのだ」

小道具を使いこなす

演劇に小道具は不可欠です。1章でみたテイラー博士のプレゼンでは、実物の人間の脳を小道具として使いました。小道具の使い方は自分を演出するためにも、大切です。

動画ではまず悪い例として、比嘉セリーナがナイフをでたらめに持って、踊るようにしながらブルータスを演じます。「……それを思うと私は刺さざるをえなかった」

今度は秋場が、そのナイフをすばやく奪い、上手に使って見せながら同じセリフを演じます。「……私は刺さざるをえなかった」。どうでしょうか、明らかに説得力が違います。

このようにきちんと小道具を使えば、効果的に見せることができるのです。筑波大学の授業でも、学生に考えさせ、工夫した小道具を用意して練習させます。

「オフィスや会議室に小道具はないよ」とおっしゃるビジネスパーソンがいるかもしれません。しかしよく考えてみると、そうでもないのです。動画では、A4の紙をヒラヒラさせている私が映ります。

コミネ「紙切れ一枚で、色々なものになります」

一枚のペーパーだけで、色々な小道具に変身します。動画では、清水日向子が一枚の紙で具体的に実演してくれます。「ある時は剣になります」、紙を丸めて、「見ろ、ここをキャシアスの剣が突き抜けた」と、丸めた紙を剣のように使う。「マントにもなります」、紙を机上に置き、「衣服を見るだけで泣くのか？　それならこれを見ろ」身体を覆うマントをはがずように紙を動かす。「これが謀反人どもに切り刻まれたシーザーその人だ」。今度は、その紙を丸めてポケットにしまい、「これが遺言状だ」と言いつつポケットから出します。「シーザーの印が押してある」。丸めた紙を広げて「すべてのローマ市民に対し、それぞれ75ドラクマずつ贈る、とある」。得意げに紙をヒラヒラさせると、それらしく見えてくるから不思議です。

日本の落語家は、日本手拭《てぬぐい》だけで、江戸の庶民生活にまつわるすべてを表現できます。それと同じことなのです。プレゼンでも小道具を効果的に使えば、聞き手の集中力が途切れないよう、自分の話をもたせることができるようになります。

キャラになりきること

台本に書かれたキャラクターになりきること。俳優はもちろん平気でこなしますが、一般人が演じると、どうしても恥ずかしさが伴います。

プレゼンの壇上で恥ずかしがっていては、大きなマイナスです。

そこで、「恥ずかしさをのりこえて、キャラになりきる」ことが、プレゼンを巧みにこなす近道となります。羞恥心を克服するポイントは、自分自身になりきるつもりで、自分らしいキャラを演じること。その練習には模倣、マネをすることから始めます。しかし、自分のマネをするのは、キャラを正確につかんでいないと難しいですから、まずは誰かの役になりきってみるのが、初心者にとって敷居が低いやり方です。

①モノマネから入り、自分のキャラに近づける

動画では、舞台上にコミネと比嘉セリーナが登場します。

コミネ「プレゼンの舞台の上に出たら、最後の最後まで、役になりきらなければなりません」

筑波大学の授業中には、学生に、歩く時もしゃべる時も、アントニーかブルータスになりきってもらいます。それが、プレゼンがうまくなる第一歩です。練習中は家にいる時も、一日アントニー、一日ブルータスになって過ごすよう、心構えを説きます。

さらに、比嘉セリーナが「三種類のキャラができるようにしてください」といって例を見せてくれます。彼女のように、自分にとってモノマネしやすいキャラを選んでください。a．好きなアニメやマンガなどの架空のキャラクターのマネ、b．身近にいる友達や家族のマネ、さらにc．好きな芸人のマネなど。他人のコピーから入ると、恥ずかしさを克服してキャラを演じる「入り口」に立つことができます。

筑波大学の授業では、『シーザー』のセリフを、キャラを変えながら複数回、演じてもらいます。動画では比嘉セリーナが、「最後まで御静聴願いたい……私の話を聞いていただきたい」というブルータスのセリフを、3種類のモノマネで、それぞれパターンを変えて実演してくれています。

他人のモノマネを恥ずかしがらずにできるようになれば、自分自身のモノマネ、「私」というキャラになりきってプレゼンするハードルが下がり、楽になるという理屈です。

②ブレス（息を吸う・吐く）のタイミング

細かいテクニックですが、息つぎ、呼吸のタイミングをとると、間をうまく使うことができるようになります。

実はこれが、プレゼン中の重要なアクセントになります。動画で北川千晴に実演してもらいました。

北川「息を吸う、吐く、これは簡単だけど、間を取るのに使えます」

「（大きく息を吸って勢いこんで叫ぶ）[f]最後までご清聴願いたい」

「（息をゆっくり吐いて〝ため〟を作り、静かに語りかける）[p]最後まで、ご清聴願いたい」

どちらの言い方がよりふさわしいか、自分のプレゼンにあてはめて検討してください。

③自分のクセを把握する

自分がプレゼンしている最中に意識せずに出てしまっている、動作やしゃべり方のクセ。これも先述したキャラクターと同じで、本人は気がついていないケースが多くあります。大事なプレゼンを控えている方は本番前に、必ず信頼のおける友人や仕事仲間、上司などにリハーサルを見てもらってください。思わぬクセ、自分ではなかなか気がつかない悪癖《あくへき》を指摘される場合があるからです。

コミネ「無くて七癖《ななくせ》というくらい、クセが出るとあなたは素に戻ってしまう。それが出ないようにする」

動画では悪い例として、たびたび髪をかき上げたり、髪をやたらと触って毛先をチラ見しながらしゃべる人を北川千晴に演じてもらいました。ネット上のプレゼン動画を見ていても、思わずこういうクセが出てしまっている人は意外と多いのです。しゃべりの端々でこれをやられてはたまりません。

コミネ「髪をぐしゃぐしゃいじってますね。ピン止めして、ちょっと整理してみてください」

髪を触ったりせず、ピンで止めるだけで、ちゃんとした人のように見えることが、おわかりいただけたと思います。あらかじめ自分のクセをつかんで、マイナスポイントを回避するようにしましょう。

④同じセリフを、感情を変えてしゃべる

声の出し方のところで、抑揚を変えることは練習しました。それの応用編です。

コミネ「同じセリフも感情を変えてしゃべると、伝わる意味が変わります」

動画では清水日向子が実演してくれます。パターン1、興奮気味にしゃべる。パターン2、悲しそうにしゃべる。パターン3、喜び、楽しそうにしゃべる。「わが友人、ローマ市民……耳を貸してくれ」の同じセリフを三通り演じ分けています。このように練習すれば、3章の冒頭でその必要性を指摘した、あなたの話し方のバリエーションは間違いなく増えていきます。

目はものを言う

目は口ほどにものを言うとされますが、言葉より雄弁な時もあります。

動画では北川千晴が、キャラに応じた目の表情のつけ方を実演してくれます。

まず睨むような目つき。怖いですが、こういう表情でプレゼンしている人は結構いますので、気をつけてください。続いて、機嫌がよさそうに見つめる。次に驚いている目つき。このように、プレゼン内容の展開にしたがって、自分の目の表情に変化をつけながら、聞き手に伝えることが可能です。まさに「目にものを言わせる」ことができるのです。自分に目力《めぢから》がどれくらいあるのか、鏡の前で確認しましょう。

以上で、動画解説は終了です。

おわかりいただけたように、日本のプレゼンに一番欠けているのが、役者のスキルを学ぶアクターズレッスンですが、日本ではなかなかいいカリキュラムがないのが実情です。

私たちは筑波大学で数年かけて、シェイクスピアの戯曲を利用し、すぐにプレゼンに応用できる練習方法を開発しました。動画とあわせてくり返し理解を深め、自分のものにしてください。

清水日向子

北川千晴

秋場由香

比嘉セリーナ

6章　5分で伝わる最高の構成力——時間を味方につける

「キャプテン・ハムレット」とは

次のレッスンは、シェイクスピアの『ハムレット』を教材的に進化させた形で使います。いよいよ、プレゼンテクの本丸にたどり着きました。それが「キャプテン・ハムレット（ハムレット大尉）」なのです。筑波大学のプレゼンの授業では、『シーザー』『ハムレット』で壇上での語りと動きを学び終える頃、夏季休暇直前の時期になります。そこで学生たちに出される夏休みの宿題が、「キャプテン・ハムレット　真夏の夜の悪夢大作戦」。この題を聞くと、学生は全員、驚きます。

しかしこの作戦こそ、プレゼンテクを自分のものにする最後の仕上げなのです。

プレゼンは、しゃべりと動きができても、うまくいきません。構成が大事なのです。自分で考えた内容を、原稿に書いて語るわけですが、シェイクスピアの戯曲のように、時間をたっぷり使ってしゃべり続けるようなことをすれば、普通の会社なら、二度とやらせてもらえないでしょう。もしかしたら無能とみなされて、会社をクビになるかもしれません。

では、最適なプレゼンの構成の見本はどこにあるでしょうか？　あちこち探した結果、ベストのプレゼンスタイルを、私は別件の取材中に偶然、米軍で発見しました。

米軍では、大尉に昇進すると、部隊指揮官学校（士官上級課程）で学ぶことを義務づけられます。そこで学ぶのが、戦場での使用に耐えうるプレゼンスキル。なぜかというと、大尉になると自分の部隊を率いて作戦を指揮する任務が発生しますが、作戦の実行には上官の許可が必要です。許可を得るには、上官の前で作戦案をプレゼンしなければならないわけです。

戦場という過酷な最前線で、毎日、命を失うかもしれない危険の中で戦っている。大尉はそういう環境で、上官の少佐、中佐、大佐、そして、将軍たちにプレゼンします。

軍隊の佐官（小・中・大佐）や将官は40歳から50歳代で、若い兵隊からみればオッサンです。それも戦場にいるので、いつもかなり疲れています。睡眠時間はほとんどなく、慢性的な寝不足なので、少しでもつまらないプレゼンをすると、佐官・将官連中は寝てしまいます。ひどい話ですが、戦場ですから仕方ありません。

そんな厳しい状況の中、大尉は作戦案をプレゼンして許可を得ないといけないので、プレゼンスキルの上手下手には、部下の兵隊の命がかかってきます。

新米大尉が説得力のある面白いプレゼンをやってみせないと、自分の作戦案は却下され、不本意な作戦をやらねばならず、部下の兵隊が戦死するかもしれない。逆に人を引きつけるプレゼンをしてみせれば、他部隊の上官まで「おもしろいヤツがいる」と見学に来て、自分の将来の昇進にもつながります。

米軍の部隊指揮学校で叩き込まれる、キャプテン（大尉）になるためのプレゼンテクは、驚くほど簡単で合理的な構造になっています。プレゼンに許される時間は5分間しかありません。その中で、必ず次の4つのポイントをクリアしないといけないのです。

1．アイスブレイク

2．結論を一番先に言う
3．三つの問題解決方法のプランを提示し、結論としてその中から一つ選んだ理由を説明する
4．もう一度、結論を最後にくり返す

これだけです。

1のアイスブレイクの意味は「氷を割ること」。プレゼンの本題に入る前に、その場の冷たい雰囲気を氷にたとえ、目の覚めるようなニュース、大笑いさせるジョークなどで破ることです。まずは眠たい将軍たちや佐官たちの目を冒頭で覚まさせ、自分のプレゼンに聞き入らせるのです。

つまり、本書ではここまでプレゼン冒頭の『つかみはＯＫ』と言っていたものを、米軍では「アイスブレイク」と呼ぶわけです。

2の「結論が一番先」を、英語では、『ＢＬＵＦ＝ボトムライン・アップフロント』と言います。すなわち、結論を真っ先に、自分のやりたいこと、一番言いたいことをまず主張するわけです。戦場のプレゼンでは作戦案とイコールになります。

3の三つの解決方法から一つを選んだ理由を説明するというのは、戦場の現況を説明してから、これに対応すべく、A案、B案、C案の三つの作戦案を考え、提示します。そしてその中から、自分が2の結論で述べた作戦案を最善だと採用した理由を、手短に説明するわけです。

最後に4、もう一度結論を言います。くり返すことで念を押し、聞き手にわからせた上で、プレゼンを終わります。

与えられる時間は5分だけ。見事に合理的なプレゼンの構成と時間を目の当たりにした私は、これはビジネスにも応用できると確信しました。

そこで筑波大学の授業では、この大尉に義務づけられたプレゼンの構成力と『ハムレット』を合体させて、『キャプテン・ハムレット』というまったく新しい授業プログラムを開発しました。

その訓練方法を以下に説明します。

1分間を身体で会得する

プレゼン時間は5分。まずは冒頭にアイスブレイクをやって「つかみはOK」としなくてはなりません。アイスブレイクの制限時間は、1分です。学生たちにはまず、この1分という時間がどのくらい短いのかを体感してもらうようにします。

学生たちを、壁に向かって、壁からの距離は1メートルくらい空けて、並んで立たせると、私はこう言います。

「絶対に左右を見てはいけません。台本だけを読みあげて、1分が経過したと思ったらすぐに右手をあげてください。暗唱できる人は目を瞑ってしゃべり、1分たったら右手をあげる。用意、スタート!」

学生たちは頷き、ハムレットの独白「このままでいいのか、いけないのか、それが問題だ」以下のセリフを読みあげていきます。

1分の時間の長さを、身体感覚で会得する訓練の始まりです。

一人で練習する場合、スマートフォンのストップウオッチを作動させてから、台本を読み始めてください。セリフを朗読しながら、1分が経過したと思ったら、時計は見ずにストップボタンを押してください。

ストップウオッチを止めるタイミングが、だいたい57秒から1分3秒くらいの間に収まるようになってくれれば、１分を体感できるようになったと判断できます。こう書くと難しいように感じるかもしれませんが、普通にしゃべるスピードで、自分が１分間でどのくらいの文字量が読めるのかが見えてくると、簡単にできるようになります。いつもぶっつけ本番でプレゼンの持ち時間がなくなり、失敗している人は、セリフで練習してみると、持ち時間は意外とあることが実感できるでしょう。焦らず、落ち着いて語るようになる効果も期待できます。

筑波大学での授業では、こんな雰囲気で進めます。

コミネ「ストップ！　今回一番気が早かった人は50秒で手をあげた。一番遅いのは１分15秒。誤差があり過ぎる。もう一回！」

（学生、セリフを読む）

コミネ「１分経過したと判断したら右手をあげて。ストップ！　今回一番正確だった人は58秒、その次が57秒。速すぎるのは45秒だった。15秒も速いぞ。きちんとセリフを読めば、自分の読む速度で判断できるから。もう一回！」

（学生、朗読開始）

このくり返しですが、だいたい三回目には、1分ジャストで手をあげる学生が出てきて、1分の前後3秒程度の誤差で収まる人が8割になってきます。なぜかというと、学生たちは、自分の読む台本のどの行のどの文節のあたりで1分になるか、目星がついてくるからです。

この要領をつかむと、台本の文字数が時計代わりになります。本番のプレゼン台本なら、原稿の文字量で、かかる時間の目算が立つようになるわけです。

騒音の中で1分を会得する

次も、同じ1分間で手をあげる朗読を続けるのですが、今度は私やTA（ティーチングアシスタント）の助手が学生のすぐ横に立って、大声で話しかけたり、近くの壁や床を叩いたりして、騒がしくします。なぜ邪魔をするかというと、本番のプレゼンで緊張してしまった場合の心理を疑似体験させるためです。周囲の騒音に学生の注意を無理やり向くようにさせ、緊張させるのです。こうして心理的に負荷をかけた状態で、同じ『ハムレット』の独白を朗読させて1分間で手をあげさせ、時間感覚を覚えこませます。
授業を文章で再現すると、こんな雰囲気になります。まず私が、朗読を始めたばかりの学生の横に立ち、

コミネ「よぉー、元気か？」
学生「（朗読を止めて）ハイ、元気です」
コミネ「失格！　朗読を止めたな？」
学生「すみません」
コミネ「続けろ」

こうして、ストレス下でも1分間を測ることができるように訓練します。これも二、三回くり返して慣れてもらい、騒音下でも1分の感覚をつかめるようになると、さらに次の段階に進みます。『アイスブレイク選手権』です。

アイスブレイク選手権

学生たちには『ハムレット』のセリフを読む練習として、5分間ずつ持ち時間が与えられます。でも、アイスブレイクを成功させない限り、ハムレットのセリフを読む許可は出ません。人前で練習する時間は、実力で勝ち取らない限り、与えられないわけです。私は学生たちに、事前の授業で次のように説明します。

「この選手権はとても簡単。5分間あげますから、ハムレットの独白セリフの稽古をしてください。しかし、最初にアイスブレイクに成功すること。私から『ブレイク！』コールがかかったら、ハムレットの朗読を始めていい。もし誰からも笑いが取れなかったり、指導教員の私がおもしろいと思わなければ、ブレイクコールはかかりません」

アイスブレイクによる「つかみはOK」に成功しない限り、セリフの稽古に入れないわけです。学生が質問してきます。

「ブレイクがかからないと、どうなるんですか？」

「ずっとアイスブレイクが続く。自分の持ち時間がなくなるだけ」

「どうしたらいいんですか?」

「アイスブレイクのネタをたくさん、何十個も考えてくるんだな。氷が割れない限り、その先には進めない」

「すると、一つだけ考えてきたネタがウケなかったら……」

「5分間は君の持ち時間だ。ハムレットの最後のセリフ『あとは、沈黙』を実践してしまうか、一つだけ考えてきたアイスブレイクをくり返して、どんどん場が白けていくか、アドリブで偶然受けてブレイクに成功するか、そこは君たちに任せる」

学生たちは驚いている様子。黙って聞いていれば単位をもらえる授業ではないのです。自らの才覚で考え出したネタをその場で上手に披露しないと、セリフ練習の時間はもらえません。これこそ本当の訓練です。

学生はまた質問してきます。この授業では第一回目から、学生たち全員に、「何か質問はないか?」と一人一人、くり返し聞いていきます。当初、学生は「何もありません」と答える。すると私は、「質問がない学生は、この授業では出席を認められない。常に頭の中に質問を三つ、考えておくこと」とルールを宣言します。それを半年ぐらい続けると、学生は常に、頭の中で複数の質問を準備するようになり、率先して質問するようになります。これこそ教育の成果、進化の証です。だからこの時期になれば、授業中に、質問がすぐ飛んでくるようになります。

「すると、アイスブレイクのネタを考えてくればいいのですか？」

「その通り。それも複数。二つでは足りない。三つ以上、千個未満だな」

学生たちは笑います。しかし、同時にノートに「三つ以上」とメモを書き込んでいます。これも、半年経過した教育の成果です。初回の授業で私が「授業内容についての資料は配りません。必ず要点をメモに取りながら、この授業を受けてください」と宣言するからです。今どきの学生は、パワポを印刷した『講義資料』を配布される便利さに慣れきっていますが、私の授業では配りません。学生に自主的な行動を促さないと、プレゼンは上手にならないからです。

しかし、アイスブレイクのヒントは出します。

「だから、アイスブレイクを数個考えればいいんだけど……」

そこで突然、私は言葉を切って、無言になります。そして、きっかり30秒を経過した時点で、（教室の壁、教壇から見える位置に時計があります）

「プハー！　オジサンが息を止められるのは30秒が限界！」

学生たちは爆笑。その後に質問が飛んできます。

「そんなくだらないのでもいいんですか？」

「まずは場のレベルを考える。もしハイレベルなアカデミックの会合なら、自分の研究上で発生した面白い話を短く説明するだけでもいい。でも、その場が緊張に包まれているなら、今みたいなレベルの低いアイスブレイクでもいいんじゃないか？」

「飲み会の一発芸でもいいですか？」

「この授業に限っては、それでかまわない。まず何でもいいから考えて、試す。失敗してもそれで終わりではないのだから、その場で次の手を一生懸命考えよう」

学生はさらにメモをとります。この授業のもう一つの特徴は、前にも述べた通り、失敗から学ぶことです。失敗を嫌う若い世代に、失敗した崖っぷち、土壇場でいかに多くのことが学べるかを実体験してもらいたいのです。こうして学生たちは、次の授業までにアイスブレイクのネタを複数、考えてきます。

とはいえ、はっきり言って、当日の学生のネタは、飲み会レベル、宴会芸の延長です。彼らのレベルで人を笑わせるのは、まずそれしかないでしょう。人生経験がないから仕方ありません。例えば、こんなものがありました。

「これから一気飲みやりまーす」

学生は、コップを持ちあげる仕草をして、一気にビールを飲み干す仕草をした直後、「うっ、おえっ」と両手で口を抑えます。「おー、出てきました」と小さく折り畳んだ紙片を広げると『一気』と書いてある。

典型的な宴会芸です。

しかし、学生たちはすぐに進化していきます。このレベルのネタをアカデミックな学会や、真剣勝負の仕事のプレゼンでやるわけにはいきません。徐々に、場の雰囲気を考えて、それにふさわしいアイスブレイクを考えるようになっていきます。

「キャプテン・ハムレット　真夏の夜の悪夢大作戦」

前説が長くなりましたが、何事にも、準備と順番があります。このプレゼンの授業も同じです。夏休みの宿題をこなすには、まずしゃべり方、動き方を身につけ、プレゼンの構成の仕方、構造を理解し、1分間の時間感覚を身体に叩きこみ、アイスブレイクができるようにならないと、そもそも課題すら与えてもらえないのです。

筑波大学では以下のように説明します。

夏休みの宿題、『キャプテン・ハムレット　真夏の夜の悪夢大作戦』とは何か？　大作戦というからには、作戦の前提がある。君たちが演じるのがデンマークの王子であることは変わらない。しかし、大英帝国と同じで、王子であっても軍務に就かなければならない、デンマーク軍の大尉という設定を加えます。

そこでハムレット大尉、つまりキャプテン・ハムレットになって軍の作戦会議に出るという新たな設定を作り、それをプレゼンの舞台とします。まずはアイスブレイクをしてから、5分間のプレゼンをしてもらいます。

こうして、シェイクスピアのハムレット王子に、大尉としての身分で軍に配属されているという新たな設定が加わり、シェイクスピアの原作の世界観を内包しつつも、別の新たな世界を創造することになります。ここからは、今までの授業のように、ただ覚えたセリフをしゃべるのではなく、自分でプレゼンの内容を考えてこないといけません。まず、ハムレットの冒頭のセリフ、

「To be or not to be, that is the question.」

この意味をどうとるか、二つの違う訳から一つを学生に選んでもらいます。一般的には

よく知られていますが、一度も翻訳書には使われたことがない日本語訳、

①「生きるべきか、死ぬべきか、それが問題だ」
②「このままで、いいのか、いけないのか。それが問題だ」（小田島雄志訳）

学生演じるハムレット大尉は、プレゼンの前提条件として、①または②のどちらを選ぶか決めてもらいます。もし①を選んだなら、プレゼンの結論として、自分がⒶ生きるか、それともⒷ死ぬか、どちらかを選んでもらうのです。他方、②を選んだ学生のプレゼンの結論は、ⓐこのままでいいか、または、ⓑこのままではいけないかの二者択一となります。

そこから、5分間のプレゼンを自分なりに展開してもらうわけです。基本的な流れは、①とⒶ（生きる）、①とⒷ（死ぬ）、②とⓐ（このままでいい）、②とⓑ（このままではいけない）の4パターンになります。

さらに構成について、①の訳を選択した場合、本講義のプレゼンの構造にあてはめると、以下のような展開になります。

1. アイスブレイク（説明省略）
2. 結論を一番先に言う（Ⓐ生きる／Ⓑ死ぬ）
3. 三つの問題解決方法のプランを提示し、その中から結論を選んだ理由を説明
4. もう一度結論を言う

「結論を一番先に言う」ので、①とⒶ「生きる」を選択した場合、なぜ生きるのか、その理由をプレゼンします。そして、三つの解決方法のプランから結論としてⒶを選んだ理由を説明するわけです。具体的には、

Ⓐ生きる
Ⓑ死ぬ
Ⓒそれ以外

この三つのプランを説明して、自分がなぜⒶを選択したか、もっともらしい理由をつ

けて、聞き手を説得するわけです。最後に、もう一度結論Ⓐを選択した理由を説明します。

さらに学生に対して、私ならこうする、と老婆心ながら解説を加えます。

「生きると選択した場合は、感動物語で説得するとイイ。死ぬと選択した場合は、軍隊だから、極論すれば太平洋戦争時の特攻隊と同じで、自らの命を使って何かを成し遂げなければならないから、理屈をつけるのは相当大変になる。もし君たちが、生きるか死ぬかを選択するのが難しいなら、このままでいいのか、いけないのか、を選択することを勧めます」

翻訳②を選んだ場合、構成は次のようになります。

1. アイスブレイク（説明省略）
2. 結論を一番先に言う（ⓐこのままでいい／ⓑこのままではいけない）
3. 三つの解決方法のプランを提示し、その中から結論を選んだ理由を説明
4. もう一度結論を言う

「結論を一番先に言う」ので、②とⓐこのままでいい、と選択した場合、なぜそれでいい

のか、理由を説明し、三つの解決方法のプランから結論として⓪を選んだ理由を説明します。

ⓐこのままでいい
ⓑこのままではいけない
Ⓒそれ以外

この三つのプランを説明して、自分がなぜⓐを選択したか、理由を述べます。最後に、もう一度結論ⓐを選択した理由を念押しします。
「このままでいい、を選択したなら、なぜいいのか説明を。このままではいけない、を選択したら、なぜいけないのか説明してください。ハムレットは、その理由を二時間以上の上演時間がかかる戯曲で説明しているわけですが、それを5分で説明するプレゼンを君たちは考えて、書いて、それを読みあげて、ハムレット大尉を演じながら説明しなければならない。相当大変だけど、やり遂げてほしい。設定は17世紀のデンマークのままでもいいし、それに囚われず、現代でも、未来のデンマークでもいいです」

設定を自分のやりやすいよう、柔軟に変えることを許可します。シェイクスピアのハムレットの世界そのままでもいいし、現代や未来を舞台に、学生が自由に創意工夫してもいいのです。

シェイクスピアの原作では、ハムレットは死んでしまいますが、筋書きを変えて、違う生き方や結論を変えるのも可とします。これは大きな挑戦で、無謀と思うかもしれませんが、自由な発想力と表現力を発揮するには、これ以上ない機会となります。

学生の中に眠っているクリエティブな才能を掘り起こして、開花させたいのです。たとえ学生に才覚がなくても、むりやり引き出して作らせる。どうやって？　一度強引にやってみると、その経験が才能になっていくのです。

「もう一つ。ハムレット大尉のプレゼンが終わっても、君たちはそれで終わりじゃないんだよ」

という私の一言で、学生の顔は全員疑問形（?）になり、質問してきます。

「何をしないといけないんですか?」

「プレゼンが終わった後、君は何と言う?」

「はい、『何か、質問はありませんか?』です」

「そうだ。君たちハムレット大尉は、鬼の上官から、質問を受けることになる」

私がＴＡの助手に合図を送ると、教室のスクリーンに突然、フランシス・コッポラ監督の映画が映し出されます。

ハムレット大尉の上官は、『地獄の黙示録』のキルゴア中佐

映画は『地獄の黙示録』のワンシーン、ベトナムの農村に朝が訪れる、平和な光景が映し出されます。小学生たちが校舎の前に集まって、朝の集会が始まっています。

そこに、遠くから音楽が聞こえて来ます。ワーグナーの「ワルキューレの騎行」です。

ベトナムの田舎の海岸に素晴らしい波が出るとの噂を聞きつけ、武装ヘリによる空中機動戦が得意の米陸軍第一騎兵師団第9航空騎兵連隊第1大隊長のキルゴア中佐が、ワルキューレを大音量で流しながら、海沿いの村に空から攻撃開始。ロケット弾とマシンガンで地上の建物を破壊、ベトナム人を殺しまくり、武装ヘリが着陸。仕上げはナパーム弾を搭載した戦闘爆撃機の編隊が、ジャングルを焼き払います。そして、クリアになると、海岸で中佐はこう言います。

「I love the smell of napalm in the morning.（朝のナパームの香りは格別だぜ）」

それから、ヘリに搭乗させてきた米兵のプロサーファーたちに、戦闘中にもかかわらず、サーフィンをさせるのです。

ひとことで言って、キルゴア中佐は、頭が壊れた上官です。

なぜキルゴア中佐が上官で、そいつと質疑応答しなければならないのか？　部下のハムレット大尉は、生きるか死ぬかで悩んでいますから、異常な上官と部下の関係です。

私は常々、プレゼンが終わってからの質疑応答（Q&A）は戦場だという事実が、日本人に忘れ去られているのは問題だと思ってきました。

とある学会で、私は恐ろしい光景を見たことがあります。ある研究者の発表があり、私にはよいプレゼンと思えたのですが、「何か質問はありませんか？」で挙手した質問者は破壊者でした。何が気に食わなかったか、潰さなければ自分がヤバいと考えたのか、完全な攻撃モードに入っていて、質疑応答の結果、プレゼンの内容は完膚なきまでに否定されてしまったのです。

日本の文学賞でも、大御所の作家が、自分と似た系統の作品が候補作となっていて、その若い作家に才能があると思った場合、徹底的に潰してくることは周知の事実です。そういうことが学会のプレゼンでも起きているわけです。この質疑応答に生き残れなければ、よいプレゼンとは認められません。

実際、会社でも類似のことはあるでしょう。プレゼンを聞いていた上司や、相手の会社の責任者の、鋭く意地悪な質問に、完璧な答えを返さなければ、プロジェクトや予算の承認が降りず、あなたは窮地に陥る、といったようなことが。

キルゴア中佐は、そんな手強い質問者として最適の相手です。演じるのは、私、小峯隆生です。私が1980年代に週刊プレイボーイでフリー編集者をしていた頃、毎週締め切りがやってくる、いくつものテーマ取材と特集を同時並行で仕上げるため、複数の取材チームを20歳代ながら率いていました。その時の指揮スタイルは、キルゴア中佐そのもの。年上のライターA氏が、

「コミネ、とてもじゃないけど、これは出来ないよ」

「そーですか、わかりました。でも何とか明日までに仕上げてください」

と平然と電話を切った後、ライターBさんに電話して、同じ内容の原稿を依頼していたのです。翌日、ライターAとBの原稿を読み比べて、面白かったほうを入稿していました。原稿を落とされて怒るライターA氏には、

「出来ないとおっしゃったのに、仕上げたのはさすがです。しかし、一度出来ないと言われたので、保険でBさんにも頼みました。読み比べてみるとBさんのほうが面白いので、そっちを使うことにしました。文句があるなら、二度と出来ないと言うのはおやめください。いいですか？」

と言っていたものです。週刊誌ですから締め切りがすべて。来週、雑誌が確実に発売されるために、非情な選択が求められます。だから私にはキルゴア中佐を十二分に演じることができるのです。学生からはすぐ質問が出ます。

「そのキルゴア中佐との質疑応答は、どのくらいの長さですか？」

「5分。中佐を納得させられるように、ハムレットをしっかり10回以上読んで、キャラのバックグラウンドを理解する。さらに、自分の考えた世界観、プランの説明を裏の裏まで精査することが大切。演じる俺は映画監督で、週刊誌記者だぞ。細かいところまで気がつく」

「わかりました」

学生がひと区切りついた、という表情を見せたのを、キルゴア・コミネ中佐は見逃しません。

「まだ、その先がある」

プレゼン5分に質疑応答のQ&Aバトル5分、さらにその先があると聞くと、学生たちは「まだ何かあるんですか？」と、信じられない表情を浮かべます。

「人の話は最後まで聞くこと。これで話は終わりと言われるまで、安心してはならない」

試練はまだ続くのです。

地獄の記者会見

「最後は時間無制限の記者会見」

そう、学生たちはコミネ・キルゴア中佐との一対一のQ&Aバトルが終わった後、教室にいる全員からの質疑応答を受けつけるわけです。

しかもハムレット大尉は、キルゴア中佐とのQ&Aバトルの最後、つまり教室全員を相手にした質疑応答の直前に、いま終えたプレゼンの中でプレスに明かしてはならない国家的機密事項を数個、指定されます。その秘密を守りながら、ぶっつけ本番で質問に答えないといけません。学生はいったん教室から出て戻ると、そこが記者会見場という設定ですから、準備する時間はほとんどないのです。

その学生のプレゼンとコミネ・キルゴア中佐とのやりとりをずっと聞いていた教授、TA、他の学生たちが、今度は記者になって学生を質問攻めにします。ハムレット大尉は、突然言い渡された国家機密を守り通すことに注意しながら、あらゆる質問に、とっさの受け答えをして質問者たちを納得させなければなりません。記者役の人々は、何が秘密か、その場で聞いていますので、秘密を暴こうと、わざと意地悪な質問を浴びせてきます。学生にとって圧倒的なアウェイの環境をわざと作るわけです。

おもしろいアイスブレイクのネタと、独創的なプレゼンの原稿を考えて発表することに加え、一対一のQ&Aバトル、さらに時間無制限の質疑応答セッションを臨機応変にこなすという地獄の試練が、『キャプテン・ハムレット　真夏の夜の悪夢大作戦』だと知った学生たちは、夏休みの間、戦々恐々としながら必死に準備します。

7章　プレゼン実況中継——こんなに上達した！

学生の顔つきが変わった

夏休みが終わってしまいました。10月、筑波大学の教室に、再び学生たちが集います。いかに優秀な人でも、今までの人生で一度も想像すらしなかった事態、17世紀のデンマークの王子ハムレットになりきって、どうすべきか、国家の未来にかかわるプレゼンをするという、日本の大学院生が夢にも思いつかない宿題を課され、しかも地獄のような質疑応答に備えるシミュレーションを二か月間かけて考えるわけですから、まさに真夏の夜の悪夢。覚悟を決めて授業に出てきた学生の顔つきは、明らかに変化しています。

『キャプテン・ハムレット』は、この全員参加の授業の中でも、特に最長、最大規模の教室公演となります。ここでは、過去数年の記録から、読者にも参考になるであろう三つの作品を、実況中継の形式で紹介します。

半年前まで、「何か質問は?」と指導教員の私から突然指名され、どきまぎしていた学生たちは、立派にキャラを演じられるようになり、質問にも堂々と答えられるようになっています。ド素人でも訓練次第で、プレゼンはここまでうまくなるという実例を、教室の熱気とともに、ぜひ読者の皆様にも追体験していただきたいと願っています。

実践キャプテン・ハムレット1

「私は、出世したい!」

やや緊張していますが、いよいよこれから、自分が夏休みの間に考えたハムレットをやりたくて仕方がない様子の学生が演壇に立ち、私の「レディ、アクション!」の号令で本番が始まると、いきなりそう言いました。何のことやら、みんなあっけにとられています。

この学生が選択したのは②の、「このままでいいのか、いけないのか、それが問題だ」でした。とはいえ最初の難関はアイスブレイク。聴衆の笑いや「つかみ」を勝ち取らない限り、二か月間考えたプレゼンは発表できません。いまや学生たちはすっかり強者になっています。次の瞬間、学生は迷うことなく、私（コミネ）の書いた本を一冊取り出し、駆け寄って来ました。

「中佐、読みました！　素晴らしい本です。感動しました！　サインをいただけますか？」学生は自ら用意したサインペンを私に差し出し、教室内が爆笑に包まれます。私はサインをしながら「ブレイク！」とコール。いかに見え見えのゴマすりでも、実社会では必須であります。

プレゼンが始まりました。

「このままでいいのか、いけないのか、それが問題です。結論を言うと、私はこのままでいいと考えます。第一に、クローディアス王を殺さねばならないとしたら、私は狂った人間を演じ続けなければなりません。すると、愛するオフィーリアから煙たがられ、彼女の父、ポローニアスにも煙たがられて、私は出世できなくなってしまいます。最悪、英国に追放される恐れもあります。

そもそも第二に、私には人を殺す勇気がない。そのような勇気が最初からあれば、今までくよくよと考えたりしませんでした。

第三に、殺す標的が今の王というのも不都合です。クローディアス王が死ねば政変となり、私は下手をすると出世できなくなるし、何より王殺しが発覚してしまえば、オフィーリアは私を愛してくれなくなるでしょう。

このままでいいなら、黙ってクローディアス王やポローニアスのご機嫌をとって過ごせば、私は出世して、豪勢な人生を送ることができます。クローディアス王が自然死するのを待てば、無理をして今、殺すよりも、次の王座が転がり込む可能性が高まります。たしかに、殺された父との約束を破ることにはなりますが、それは所詮、亡霊の言葉です。たかが幽霊です。亡霊との約束を必ず守らなければならないとは、私は思いません。

よって、私は自分自身の出世と幸せな結婚のために、このままでいいと考えます。以上です」

学生はプレゼンを終え、場面はハムレット大尉の上官、キルゴア中佐の執務室に移ったという設定に変わりました。

キルゴア中佐演じるコミネは、ガンベルトを腰に巻き、右腰のホルスターには、デンマーク軍制式拳銃という設定のグロック17がぶち込まれています。拳銃にはサイレンサーが装着され、質疑応答でハムレット大尉に命令違反、機密漏洩があった場合、即刻処刑される可能性があると、学生たちには伝えています。設定上は命がけのプレゼン、質疑応答となり、『シーザー』と同様の厳しい環境で受け答えすることになります。

寸劇が始まりました。まずキルゴア中佐が、緊張で硬くなったハムレット大尉に話しかけます。

「階級を名乗れ」

「ハムレット大尉であります」

「貴様は王子であると同時に、大尉、我が軍の軍人である。敵国が攻めて来た場合、祖国防衛のために敵兵を殺さなければならない。貴様は、最前線で祖国防衛のために、敵を殺さないのか？」

「その場合は、大尉としてやむを得ず、敵を殺します」

「すると先ほどのプレゼンは、王子としての地位と結婚を守るためには、人を殺したくないという意味か？」

「そうです」

「オフィーリアが、人殺しを嫌いになる根拠を示せ」

「彼女が、『あなたを愛しています』と言ったのは、今まで、私が優しく接してきたからです」

「貴様がオフィーリアと結婚するのは、先王の決定で決められた話だ。優しいタイプだからとか、愛されないとかいった問題は障害にならない。王国の決定なのだ。貴様は、彼女のことをどれだけ知っている？　どこかに出かけたりしたことはあるか？」

「ありません」

「清いつき合いだからよく知らないというのだな。それはいい。しかし貴様は、このままでいいとの作戦案だ。軍情報部からの報告によると、お前の父の弟、現王クローディアスは、間違いなくお前の父を暗殺している。そのお前の父が、なんとかしてくれと化けて出たのだろう。それなのに、お前はこのままでいいというのか？」

「出世したいからです」

「お前、王子なんだぞ。出世したいなら、現王を消せば、次は貴様が王になれる」

「だからこそ、下手を打ちたくないのです。黙っていれば、いずれ現王は死にます」

「お前は王になりたいのか？」

「はい」

「なぜだ？」

「プライドが満足するからです。カネを持って、国を思い通りに動かせる快感があります」

「お前はもしかして、現王より腹が黒いな（笑）。今の王よりさらに悪い王になる自信があるんだな？」

「あります。そのために黙って我慢するのです」

「しかし、お前の母と現王は、毎晩よろしくやっている。その二人の間に子供ができたらどうする？　お前は第二継承権を持つ王子となり、王にはなれない」

「……」

「さあ考えろ。台本を裏の裏まで読めと言ったのはこういうことだ。王になりたいか？」

「なりたいです」

「だったらなおのこと、第一王子ができたら、今度はその小さな子供をお前が殺さないと、王になれないぞ」

「うーん……」

「今なら、父の仇、クローディアス王を一人暗殺するだけで、お前は王になれる。しかし子供が生まれたら、結局その子供も殺さなければならなくなる。オフィーリアちゃんにもっと嫌われちゃうだろうなー。さて、どうする？」

「殺したくないです」

「では、どうする？　知恵を出せ、頭を使え」

「うーん……」

詰まってしまいました。仕方がないので、私は指導教員に戻り、助け舟を出します。

「演劇の世界では、演じるキャラクターについて、とことん表裏を検討して、役柄を理解していく方法がある。今は、それをしているわけだ」

そして再び、私はキルゴア中佐に戻る。

「ハムレット大尉、結局、腹黒いクローディアス王を今の段階で殺すほうが楽じゃないか？」

「はい」

「だったらお前、夏休みの間に何を考えていたんだ！」

「うーん……」

「質問を変える。亡き父の亡霊との約束は、守らないんだな？」

「亡霊が出たのは信じたとしても、死んでしまった人との約束を守らなければいけないとは思いません。僕は人を殺したくない。死んだら終わりじゃないですか？」

「よしわかった。お前が守るべき国家機密を指定する。
1．亡き王（亡霊）との約束は守らないこと
2．現王の暗殺計画はないということ
3．今の現王に尻尾を振って、いつか王になる日を待つ野心があること
4．オフィーリアと結婚したいという下心を隠せ
以上だ」

「了解です中佐。記者会見に行ってきます」

学生は、教室から一度出て、私が合図すると、再び入室。そこはプレスルームで、各国の記者たち（すべてを知る他の学生たちとTA）が待機しているという設定。ここから、指導教員のコミネは、週刊プレイボーイの一記者の役を演じます。私は実際に週刊誌記者なので、記者会見の取材は慣れています。

「はーいすみません。週プレ記者のコミネです。王子、どちらかに、お出かけだったそうですね？　そして、オフィーリアさんも一緒だったとか」

「二人きりではありません。王室スタッフも含めて五人です」

「目的は？」

「日々の疲れを癒すためです」

「なぜ、オフィーリアさんと一緒に？」

「彼女が行きたいと言ったからです」

「結婚を前提としたおつき合いですか？」

「いいえ、おつき合いはしていません」

「ではなぜ、ご旅行に？」

「オフィーリアさんが行きたいと言ったからです」

ここで別の学生が、週刊デンマーク記者になりきって割り込んできます。こうして、質問される側のみならず、質問する側の訓練まで、自然にできる構成になっています。

「週刊デンマークの記者、マークと申します。殿下、ウチの編集部にタレコミがありまして、裏を取ったところ、オフィーリアさんの家のある方から、彼女宛ての手紙が大量に送られてきて困っているという証言を得たのですが、どう思われますか？」

「困るほど手紙を送って、相手を不快にさせるのは、慎まなければならないと思います」

「ハムレット王子はオフィーリアさんに手紙を送ったことはありますか？」

「あります。でも、返信はありませんでした」

「そうですか、それは申し訳ないお話でした。あの熱愛報道は嘘だったのですね？」

「そのような報道があったのですか？　よく知りませんが……」

「先ほどもご一緒に旅行に行かれたということですが、手紙を出して、返事をもらったことは？」

「一度もありません」

ここで再び、指導教員が、週刊誌記者としてプレスルームをかき回す。

「週プレのコミネです。殿下、それは、オフィーリア姫にフラれているんではないですか？」

「……」（ハムレット王子は黙るしかない、会場爆笑）

週刊デンマークのマーク記者が、さらに鋭く斬り込む。

「王子として、王室の権力を使って、王の部下の娘を無理やり旅行に連れ出したということになりませんか？」

「いえ……」ハムレット王子はさらに沈黙する。そこで女子学生が斬りこんでくる。

「女性の権利を守る北欧婦人通信のガートルードと申します。王子の権力を使って、王の部下の娘を篭絡《ろうらく》しようとしていますね？」

「いいえ、そのような事実はありません。旅行の計画をやりとりするために、手紙を出したことはあります」

「オフィーリアさんから、返事が来ないと王子はおっしゃられたのに、旅行には連れていったと。これは、権力の濫用《らんよう》ではないですか?」

「違います」

ハムレット王子役の学生は、どんどんシドロモドロになっていきます。狙いすましたように、別の男子学生が違うネタをぶつけます。実話系週刊誌記者に扮してのきわどい質問です。

「すみませーん、週刊裏芸能デンマのクラークです。殿下の父が亡くなったのは、叔父のクローディアス王が殺したというデカいリーク情報がありまして、どう思われますか?」

しどろもどろのハムレットは、殺人事件のネタを振られて、さらに追い込まれていきます。

「あの王がそのようなことをするとは思えません」

「あなたの父を暗殺したクローディアス王を許すということですか?」

「暗殺していたのが事実ならば、それは悪いことだと思います」

「日本では親が殺されたら、実の子が、親殺しの犯人を仇討ちしなければならない習慣があるらしいですが、ハムレット王子は、仇を討ちたいと思いませんか？」

「いえ、そのような東洋の文化は初めて知りました」

「では、暗殺はしないのですね？」

「しようと思ったことはありません」

学生はかわしたつもりかもしれませんが、これはまずいので、指導教員の私は注意します。

「お前が守るべき機密は、暗殺をしないということだぞ。それをマスコミに気づかれてはならない。今のはギリギリだ。気をつけろ」

助け舟を出しても、実話系週刊誌記者を称する学生が、さらに鋭い疑問で追い打ちをかけます。

「王子、父が現王に殺された確かな証拠があるらしく、デンマーク警察もその線で動いているらしいんですよ」

「私は警察とは縁がなく、そのように疑ったことはありません」

「ところがですね、警察情報によると、明日にも、当局が王城に踏み込んで、王を捕える予定だという話もあります。王子はどちら側に付きますか？　王ですか、それとも警察ですか？」

「事実認定が先です。すべての事実が明るみになり、よく考えてから判断します」

ハムレット王子はうまく時間を稼いだ。しかし、デンマーク新聞のマークがとんでもないことを聞いてくる。

「王が警察に捕まる可能性があるということで、王を見捨てるわけですね。すると、ハムレット王子は、あわよくばそれで王位を手に入れたいという思いがあるのでは？」

「それは、家族の話ではなく王位継承権、法律上の話ですよね？」

「いえ、単純な話ですよ。暗殺した事実が発覚すれば、あなたは現王を見捨てて、次の王になる。それだけですよね？」

「うーん……」

「今、クローディアス王は貴方の母君と結婚しています。すると、いずれ貴方に弟が出来るでしょう。これについては？」

「喜ばしいことです」

「ポローニアスさんに取材したら、その場合、第一王子はあなたの弟さんになり、ハムレットさんは第二王子にすると言っていますが？」

「うーん……」

答えに詰まったまま、記者会見は終了となりました。キルゴア中佐とのQ＆Aバトルで行きづまったのと同じ問題点を突かれたのです。ハムレット大尉役の学生は、再度教室を出て、中佐の執務室に戻ってくるという場面に変わります。

学生は極度に緊張していました。その理由は、秘密漏洩があったら即刻死刑だから。相手はあの『地獄の黙示録』のキルゴア中佐です。顔面蒼白の学生は、硬い面持ちで上官の前に立ちます。

「中佐、やってきました！」

「隠すべきことは隠せたか？」

「オフィーリアとの結婚願望は隠せましたが、王の暗殺をしないという点は……これ、ちょっと難しかったです」

「これまでだな。まあいいだろう」ここで指導教員に私は戻ります。

「あのハムレットのとぼけ方がいい。困った時に、『あっ』という素の顔と仕草が出てしまうのは、とても真面目で、人がいい感じが出ている。あれは実社会で使える」

「ありがとうございます」

「あれ？」

キルゴア中佐が学生の後ろの教室の出入り口を見て、

「オフィーリアが来ているぞ」

「えっ？」

と学生が後方を向いた瞬間、私は腰からサイレンサー付きグロック拳銃を抜き、

「ハムレット大尉」

キルゴア中佐を振り向いた学生の目前で、グロック拳銃のサイレンサーが二度、咳き込むような音をあげました。

「貴様は、暗殺計画の有無を漏洩した。軍規違反だ」

学生は両目をひん剥いて、最後に機転をきかせて、ハムレット最後のセリフを言います。

「ああっ！　あとは、沈黙……」

ハムレット大尉は崩れるように倒れました。しばらくして起き上がると、教室から拍手が起きました。課題は終わったのです。

大切なのは、経験を積むこと。そして、失敗して学ぶことが、一番の目標です。学生は

一皮むけた大人の顔になっていました。

実践キャプテン・ハムレット2

次は「完璧なクーデター計画」と題する名作を紹介します。これは学生が、原作のすみずみまで研究した結果、観客を驚かせる大どんでん返しをしかけたものです。

学生は登場するなり、アイスブレイクを始めます。

「古代エジプトのスフィンクス」

学生は、床に伏せた状態で、スフィンクスの格好をします。

「からの、ハムレット」

やおら立ち上がると、「このままでいいのか、いけないのか」のセリフを犬の擬態語でしゃべり出しました。

「ワワワン、ワワンワワワン」

教室は爆笑の渦に包まれました。スフィンクスが犬かどうかは不明ですが、これは1章で見たテイラー博士の犬のモノマネのセリフ場面そっくりでした。この教室ではテイラー博士のプレゼンを全員見ていますから、ウケたわけです。私は「ブレイク！」を宣言しました。

プレゼンの始まりです。正々堂々といった風で、決意を固めたハムレット大尉が壇上に立ちます。学生が選択したのは、②「このままで、いいのか、いけないのか」、まず結論から先に言います。

「結論から言うと、このままでいいはずがない。私の父は、忌わしいクローディアスに殺された。先日、父は幽霊として私の前に現れて、クローディアスが自分を殺したと告げました。

私はクローディアスが憎い。父を殺し、王座を奪い、私の母までも奪っていった。復讐するか、それとも耐え忍ぶか、あるいはこの国から出て、すべてを忘れて生きていくか？　耐え忍ぶのは、一番、平和的な解決方法だ。復讐は復讐を生むだけだから、よくないと言う人も多いだろう。

だが私は、許すことも、耐え忍ぶことも出来ない。すべてを忘れて国外逃亡する道もある。しかし、忘れたといってもそう言い聞かせているだけで、自分に嘘をついていることになる。

ならば復讐しか、残された手段はないのではなかろうか？　私の前に父が現れたのは、そのためだと思う。私は運命を受け入れようと思います。クローディアスを殺し、復讐を果たします」

理路整然としたプレゼンが終わり、ハムレット大尉が中佐の執務室に入る場面に変わります。今度は質疑応答です。

「中佐、どうでしょうか？」

「我々軍部としては、先王に大きな恩義がある。だから、君の決断は尊重したい」

「ありがとうございます」

「しかしだ、決意表明だけではダメで、作戦が必要だ」

「中佐、私は、暗殺部隊に所属しています。その経験を活かそうと思います」

「具体的に、どんな作戦なんだ？」

「夜、私の母と同衾《どうきん》しているベッドで、現王を刺し殺そうと思います」

「どうやって接近するつもりだ？」

「私が母を装ってベッドで彼を待ち伏せて、ナイフで一突きです」

「女装して、ナイフはどこに隠す？」

「ベッドの下に置き、相手がベッドに入ってきたら取り出して、横から刺します」

「どんな大きさのナイフを使う？　うまく隠せるのか？」

「親友のホレーシオを使って、何度かベッドでリハーサルしました。大丈夫です」

「お前は、オフィーリアとはどうなっているんだ？」

「彼女とは、国民の目を欺くための関係で、偽装カップルです。私は（男女）二刀流ですから」

「そしてナイフで暗殺。見事な三刀流だな」

「中佐、ありがとうございます」

「母親はどうする？」

「ワインが好きなので、そこに眠り薬を入れておき、すり替わります」

「よくわかった。お前の守るべき機密は、
1．このままではいけないと思っていること
2．男女二刀流であること
3．ベッドで刺し殺す暗殺方法
以上を隠し通せ。記者たちを、お前の魅力で煙にまいてみろ」

「任せておいて、中佐♥」

「俺にはその趣味はない」

「失礼しました」

学生は退室し、プレスルームとなった教室に再入場する。女子学生が、さっと手を上げた。

「デンマークの女性誌デンデンのアンです。女性物のアンダーウエアを扱っているショップで、王子をお見かけするのですが？」

「オフィーリアへのプレゼントです」

「そのわりには、随分とサイズの大きな、むしろ王子にピッタリくらいのものでしたよね？」

「それは、私たちはあまり下着にこだわらないカップルなので、自分の替えがない時に、オフィーリアのを借りてます」

「男性を見つめる目が、やけに真剣な時があるらしいですけど」

「そうですか？　自分は軍人ですから、男の親友たちとは命懸けのつき合いをしています。だから、真剣な眼差しになっただけでしょう」

「その王宮警護の兵士から、王子の仕草が時折、女性的だという話を聞きまして……」

「私は、幼い頃から亡き父が忙しく、母の手一つで育てられたので、その影響かと思います」

「女性になりたいという願望はありますか？」

「ないです。私は男として生まれ、オフィーリアを愛して今日まで生きてきましたから」

学生は、巧みに逃げることに成功しました。しかし再び、実話系週刊誌記者が追い詰めます。

「週刊デンマのルークです。お母様とは大変親密だとお聞きしましたが、お母様が再婚された現王の叔父上とのご関係はどうですか？」

「私と新しい父、クローディアスとの関係は非常に良好です。言いたいことは何でも言いあう仲で、口ゲンカをすることもありますが、それほど仲がいい証です」

「先王、実のご父君が亡くなられた悲しみは、もうなくなったと？」

「寿命で死んだと思いますので、仕方がなかったと今では割り切っています」

「オフィーリア様が、王子をお食事に誘ったところ、現王と遊びに行くからとお断りになったそうですが、どういうことでしょうか？」

「それは、私は本当の息子でないので、早く父上と呼べるようになりたいと思って、クローディアス王と仲良くしているわけです」

「年上の男性は好きなタイプですか？　彼に抱かれたいと思ったことはないですか？」

「いや、それはないです、男と男ですよ！　たまに、王とじゃれ合ったりしているように見えるかもしれませんが、それは遊びです。今、色々と教えていただいている最中ですから」

「オフィーリア様にもっと時間を割いた方がよいのでは？」

「頻繁に会えなくても、彼女とは心と心、愛でつながっています。そろそろ結婚したいと思っています」

「クローディアス王とですか？」

「オフィーリアです！」

「ホレーシオさんとか？」

「オフィーリアとです（余裕の笑い）」

「城を守る兵士の間では、王子はホレーシオさんとも仲良くされている姿を目撃されています。私が聞いたところによれば、ベッドの中で、ナイフ状の木の棒でお互い突き合っていたとのことですが？」

「彼と一緒に戦闘術と護身術を学んでいます。武術を極めるには親友同士で切磋琢磨するのが、もっとも都合がいいのです。ご指摘の場面は、暗殺者に忍び込まれたら、どう戦って生き残るかかの訓練でした」

「しかし、ピンポイントでお互いに急所を攻めて、喜んでいる姿が目撃されてますが？」

「それこそ、他の兵士たちにも見て欲しい技ですね。敵は急所をとどめに狙ってきます。これをどう防いでサバイバルするかの、重要な訓練です」

「突くのと突かれるのはどちらが好きですか？」

「突かれるほうです、突くだけでは得るものがなく、自分の技が向上しません。攻撃と防御が同レベルの技術となって、武術は完成します」

「そのう……王子。どうしても気になっていたのですが、先ほどから肩のあたりに、シャツから透けて見えるのは、ブラ紐ではないですか？」

「はい。これは、私とホレーシオとの激烈な武闘訓練で胸を守るプロテクターとして、オフィーリアが特別にあつらえて私にくれたものです。こんな時、サイズが大きめだと助かるわけですよ」

「ブラを着用すると、気分が盛り上がりますか？」

「何の気分ですか？　胸を守られているので存分に戦えますよ」

ハムレット大尉はギリギリ秘密を守ったが、デンマーク新聞のマークが再び、とんでもないことを聞いてくる。

「デンマーク新聞政治部のマーク記者です。王子は今のデンマークの現状をどう思いますか？　よい状態だと思いますか」

「非常にいいと思います」

「どんな点が？」

「先王が亡くなった時は、国がやや政情不安になり、民心も荒れました。しかし、クローディアス王がよくやっていますので、非常に安定した国になっております」

「すると、クローディアス体制でいいと？」

「はい、そう思います」

「クローディアス王を暗殺しようという不穏な動きがあるようです。王子はそれについて何かご存知ですか？」

「いいえ、そんな計画があるなどとは知りませんし、聞いたこともありません」

「ありがとうございました」

攻めどころに欠いた記者たちは引き下がり、記者会見は無事終わりました。ハムレット大尉は、プレスルームを後にして、今度は中佐執務室という設定の教室に、再び入ってきます。

「中佐、記者会見を無事に終えました」

「袖から見ていた。きちんと3つの機密を隠し通せたと思う」

「秘密は守り通しました」

「ベッドでの暗殺方法については、危なかったのではないか？」

「何とかすり抜けました」

「まあ、合格だ」

「ありがとうございます」

これで芝居は終わるはずでした。ところが本番はここからだったのです。

「中佐殿、一つお願いがあります」

「なんだ、何でも言っていいぞ、大尉」

「大きなナイフで暗殺するのは、記者会見をやりながら、難しいのではないかと考えるようになりました。そこで、中佐殿の新式の暗殺道具である、そのサイレンサー付き拳銃をお借りできませんか？」

　ハムレット大尉は、中佐の腰のホルスターに収まったグロック拳銃を指差した。

「それは、より暗殺が確実になる。いいだろう」

　中佐こと私は、右腰のホルスターからグロック拳銃を抜き出して、ハムレット大尉に渡した。

　自分の執務机に戻ろうとした時、ハムレット大尉に声をかけられます。

「中佐」

　振り返ると、満面の笑みを浮かべたハムレット大尉が、私ことキルゴア中佐をグロック拳銃で二発撃ち、サイレンサーが二回、咳き込んだ音がしました。

「えっ!?」

　教室の聴衆のみならず、私自身も驚きました。展開が読めません。するとハムレット大尉は携帯を取り出して、どこかに電話し始めます。

「もしもし、父さん。今、キルゴア中佐をやりました。ヤツのクーデター計画は本物でした」

「大尉、父さんって？」

「えーと、父は、最初から死んでいません。今のは最初から芝居だったんです。先王が暗殺されたということにして隠れ、叔父クローディアスが王になるシナリオを、父が描きました。すべては中佐、あなたの軍事クーデターのたくらみを潰すための演技ですよ」

「えっ、そんなのあり？」

「すべてをひっくり返してもいいと、前回の授業で言いましたよね？」

「ああ」

「はい中佐。だから、セリフをお願いします」

「あっ、そうだった」

寸劇を終わらせるために、ハムレットの最後のセリフを言わなければなりません。

「あとは、沈黙」

キルゴア中佐役の私は、無念そうに倒れました。盛大な拍手があとに続きます。次に私が立ち上がると、ハムレット大尉役の学生は、皆からカーテンコールを受けていました。見事な大どんでん返しだったのです。

実践キャプテン・ハムレット3

最後に実況中継するのは「プランM」と名づけた名作。過去の授業で、最も論理的に破綻していないプレゼンと質疑応答でした。

学生は、チャラついた様子で、ムカつく野郎が調子に乗っている風を装って教室に入ってきます。この学生は、所作、振る舞いだけで、観客の気持ちを逆なでし、苛立たせることができる才能があったのです。

学生は立ち止まると、やっと部屋の中の聴衆に気がついたような素振りを見せ、アイスブレイクをしかけます。

「皆さん、イライラしてますよね？　そんなイライラさせている私は小心者で、脇汗が半端ないです」

左腕を上げて、事前に仕込んでおいた脇汗べったりを披露すると、皆ウケて笑いました。私は「ブレイク！」を告げます。プレゼンの始まりです。

学生が選んだのは、②の「このままでいいのか、いけないのか」。デンマークを救う救国のプレゼンが開始されます。

「私の結論は、このままでいいとしました。その理由について説明いたします。先日、私の父である先王は亡くなり、叔父であるクローディアスが王位につきました。そして、私の母親が彼と再婚して、王妃となりました。

ある夜中、私は泣き父の亡霊に出会いました。暗殺という父の死の真実を知らされ、狂ったふりをしながら、周囲から煙たがられる存在になっています。このままでいいと結論に至ったのは、「このままではいけない」を選択した場合の三つのプランを検討したからです。

●プランA　ハムレットである私が自決して死ぬ
●プランB　現王、クローディアスを告発する
●プランC　クローディアスに復讐する。

それぞれ、よく考えてみました。Aの自分が死ぬのは論外です。これは、死ぬことで解決するような問題ではないからです。Bの王の告発をしたくても、証拠は、我が亡き父、亡霊の証言だけというありさま。裁判に訴えても、証拠は亡霊となった亡き父の言葉しかないと言った瞬間、誰も相手にしてくれなくなり、私は法廷侮辱罪で縛り首になるでしょう。

Cの復讐も、王が代わったばかりのこの時期に新王を殺してしまうと、政情不安で国が荒れ、どうなるかわかりません。私は王子として、国民に迷惑をかけるわけにはいかないのです。だから、私はこのままでいいと決意しました。

ただし、もっと積極的な理由がありまして、それは私がマゾヒストだからです。城に帰り、夜になると、憎き叔父と愛する母が、夜な夜な、とてもここでは言えないようなことをやっており、その声を聞いている私は毎晩、鬱々《うつうつ》としております。

さらに、愛するオフィーリアから『あの方は狂っている。ヤバい』と言われているらしく、手紙を出しても返事は皆無。オフィーリアの家に行けば、門前で番兵に追い返される。

こうした状況こそ生まれながらの性癖を抱えた私、ハムレットとしましては、最高の至福の時でございます。この苦悶を抱えて生きることこそ、最高の幸せなのです。

だから、このままでいいとの結論に至りました。以上で、プレゼンを終わります」

ハムレット大尉は一礼して澄まし顔です。個人の性癖を持ち出したことには度肝を抜かれました。論理的にまったく破綻しておらず、どこから突っ込んでいいのかわからないほど、鉄壁な守りです。教室に、思わぬ沈黙が訪れます。しかしそこは、百戦練磨の逸村教授がいらっしゃる。

「マゾって、どういうマゾなの？」

私の質問回路がスパークしました。性癖の本丸を攻めればいいのです。

私はキャラを、上官のキルゴア中佐に変えて聞きました。

「大尉、貴官はいつから性癖を自覚した？」

「高校生の時、女性に上から目線で命令されて、心地いいと感じました」

「では、マゾヒストの定義は何か、述べよ」

「私の場合は精神的なものです。肉体的に攻められるよりも、言葉責めが快感です」

「では今が貴様にとって、最高の至福の時だな？　上官の俺が言葉で攻撃するほど、貴様は燃えると」

「ハイ」

「わかった大尉、貴様は本物の変質者だ。しかしそれで、この先のデンマーク王国はどうなる？」

「今、叔父クローディアス王と、母ガートルード王妃はお盛んであります。もし二人の間に子供が出来れば第一王子となり、私は第二王子となります。世間は私を可哀相なやつと、痛々しい目で見るでしょう。それこそ快感です」

「第一王子どころか、七人ぐらい王子ができたらどうなるのだ？」

「第八王子として、さらに快感が八倍となります。目の前で今後数十年間、成長していく第一から第七王子を見ながら、第八王子として、自分の被虐心を育んでいくのが楽しみです」

「その行き着く先はどこなのだ？　今、貴様は狂っていると思われているわけだから、クローディアス王を暗殺する、またとないチャンスだぞ？」

「私が王になったら、もう、誰も責めてはくれなくなります。親友のホレーシオも王となった私には遠慮するようになるでしょう。唯一の救いの可能性はオフィーリアです」

「お前が王を退位して、オフィーリアが女王になれば、毎日、ガチな女王様から責めてもらえるぞ？」

「それはとても魅力的な提案ですが、中佐殿、私の性癖は、サンドイッチ状態に燃えるのです」

「イライラしてきたぞ、何なんだそれは？」

「上から一方的に責められるよりも、上と下から同時がいいのです。今のような、上からは叔父の王、下からはこれから生まれる王子たちに責められる立場が最高です。これからさらに至福の時代がやって来るのです。それをなぜ、みすみす潰す必要がありましょうか？

私は仕事に励みます。昼は王子、夜は奴隷です」

「王子として、貴様は何をしたいんだ？」

「外交のために各国を回り、逆に王が外遊で不在の時には政務に就きます」

「今の軍部としては、貴様しか頼れない。狂っていると思われているから、クローディアス王に接近しやすい」

「接近は可能です。狂ったふりをして現王を殺せます。私は逮捕されますが、狂人の所業ということになるでしょう。しかし、殺人者の狂った王子と認定されたら、王にはなれませんよ」

「そこなんだよ、困っているのは……」

「可能性としては、ノルウェーの王子が、次の王の有力候補となるでしょう」

「軍情報部の得たインテリジェンスによれは、ノルウェーの王子はドSだという。貴様にピッタリだぞ」

「上にドSの王が来たら、それこそ最高です」

「よしわかった。これからの記者会見では、

●貴様の性癖は極秘
●死なないつもりであることを隠し、何かあればすぐに死ぬ、死にたいと言うこと。
　この二点だ。特に、マゾだということは絶対にバレてはいけない」

「はい」

　難題を課されたハムレット大尉は退室し、場面はプレスルームに移ります。教室には、すべてを聞いていた記者役の学生たちが、質問を浴びせようと手ぐすねをひいています。鉄壁の論理構成にどう斬り込んでいくのか、質問者たちの手腕が問われます。

　ハムレット大尉役の学生は、今度は颯爽と登場しました。聴衆を苛立たせない歩き方です。次世代のデンマークを背負う、若き王子という歩き方でした。斬り込み役として私が、デンマーク首都の週刊誌記者になって口火を切ります。

「王子、週刊プレイコペンのコミーネと申します。王子に関して、二つ、よからぬ噂がございます。一つは深夜、夢遊病者のように門の近くまで出歩かれ、独り言をつぶやき、まるで見えない誰か、亡霊と会話しているようだと。二つ目は、これも深夜に王宮の奥の壁に耳を押し当てて、何か聞きながら悶々《もんもん》とされている。これらは一体、何をしていらっしゃるのですか？」

学生は、爽快そのものといった笑みを浮かべて答えます。どこから見ても、気持ちのよい、明るく健康的な若者といった印象でした。

「まず、最初の噂にお答えします。新王であるクローディアス王は、今、先王つまり私の父に負けぬよう日々、政務に励まれています。ですから私は王子として、王を補佐するために、毎晩、警護や視察を兼ねて門まで出て、各所に放っている密偵と打ち合わせをくり返し、王をお守りしています。もし深夜に我が国民が異国から帰れば、王子自身が深夜まで国を守っている姿を目撃するでしょう。それで勇気を出してもらいたいと願っております。

二つ目の噂ですが、今、我が国は王が代わったばかりで、政情がとても不安定です。城中で、クローディアス王に対して、不審者や、よからぬ動きをする連中がいないかどうか、私自らが探りを入れるために、壁に耳を当てています。おかしな挙動をしていたのは、すでに処理済みの事案ですが、他国のスパイが入りこんでいるのを見つけたので、多少興奮してしまったのかもしれません」

「毎晩おかしな動きをしていのは、それだけ、外国からのスパイが入り込んでいたということですか?」

「そうです。ですから今、この国は危機的な状況にあります。王子自ら、寝ずに御庭番として王を警護し、密偵とともに国を守っている。この気概が国民に伝われば、国は安定するはずです」

『週刊コペンで次週、巻頭特集を組ませていただきます。『不眠不休で粉骨砕身の王子に続け』と」

「ありがとうございます」

追い詰められませんでした。しかし、実話系の週刊デンデンのルーク記者が次の矢を放ちます。

「王子の身体が生傷だらけという噂を、公衆浴場の係から聞いたのですが、どうされたのですか？」

王子は、ルーク記者にニコリと爽快な笑みを送りながら、よどみなく答えました。

「公衆浴場にも、国民の気持ちを知るために行っております。身体の傷跡を見て、国民が不安に思ったのなら詫びなければなりませんが、それは我が国が政情不安で、いつ他国から攻め込まれるかもわからない中、私は第一王子として、現王を守るために、先陣を切って敵軍に斬り込まなければなりません。戦で死ぬのは名誉ですが、そう簡単に戦死してはならないので毎晩、御庭番をしながら、戦闘の訓練をしています。その時に受けた傷です」

「手首に縛られた後があり、鞭《むち》で打たれたような傷もあるとのことですが？」

「これはお恥ずかしい。敵に捕らえられ、拷問を受けた時に、いかなる秘密も漏らさないよう、痛みに耐える訓練です。今ではだいぶ耐えられるようになりました」

「どなたが、王子にそのような拷問の訓練をされているのですか？」

「友人のホレーシオです。彼は、私の気持ちをよく理解しています」

「ありがとうございました、王子の国を思う気持ちに、感銘を受けました」

ルーク記者もダメでした。しかし、デンマーク新聞政治部マーク記者は、王宮に深いネタ元を抱えているようです。

「王子、先日王宮図書館で、（マゾヒズムの語源となった）「マゾッホ小説集」をお借りになったそうですが？　図書館職員の噂では、何やら『新しい方法が知りたい』とおっしゃっていたらしいですね」

ハムレットは、嬉しそうな笑みを浮かべた。

「それは事実です」

この学生は揺さぶりの質問から逃げず、常に堂々と真正面で受けるのがいい。

「私は王子であると同時に、軍の大尉です。敵の捕虜を尋問する場合があります。過去に敵軍将校で、どれだけ拷問しても堪《こた》えず、吐かなかったケースがありました。敵の深層心理を知って、通常の手段が通用しない相手をどう尋問に答えさせられるか、新しい方法を考えるために借りたのです」

「もっと気持ちよくなるためではない？」

「違います。通常の尋問手段が通用しない相手を、どう追い詰めることができるか、検討するのが目的です」

「王子の国を守りたいという、強いお気持ちが理解できました」

デンマーク新聞も不発です。そこで女性誌のアン記者が、とっておきの質問をぶつけました。

「デンデンのアンです。先王が亡くなられた時、王子はよく『死にたい』と側近に漏らしていたと聞いております。今のお話では御庭番に戦闘訓練、尋問対策と、生きる気満々のようですが、死にたいというお気持は、もう消えてしまったのでしょうか？」

「非常に繊細で難しい問題です。生きる気満々というよりも、いつでも現王のために死ぬ覚悟が出来ている、その覚悟が生きる気力のように見えたのでありましょう。私の心の中には、実の父を亡くした悲しみが今でもあります。しかしそれ以上に、現王に対する忠誠心がございます」

一発で押し返されたものの、女性記者は平気で本質的な鋭い質問をします。

「クローディアス王暗殺の計画はないのですか？」

「いいえ。現王とは手をとりあい、この国をよくしていこうと思っています。それこそ国民のための我々、王室のつとめですから」

記者役の学生たちから拍手がわき起こりました。完璧に逃げおおせたのです。ハムレット王子は退室しました。そして再び、キルゴア中佐の執務室に入ってきます。するとあの、人をイライラさせ、ムカつかせる歩き方と振る舞いに戻っているではありませんか。思わずそちらに注意が向いてしまいました。

「終わりました」

「見事だったな。性癖と死なないことを隠し通した」

「はい、秘密を守りきり、隠し通しました」

「点数は99点」

「足りない1点は？」

「あまりにも平気で嘘をつけるのがムカつく」

「よくそう言われます。栄光のマイナス1点だと思います」

一番の名作は幕を閉じました。ズブの素人が、わずか半年でここまで成長したのです。

実況中継はこれで終わりますが、最後に、ここまでのプレゼンと質疑応答がこなせるようになった学生が、どんな質疑応答の授業を受けたのか、Q&Aスキルの実践について具体的に解説しておかなければなりません。これは同時に、前の動画『ハムレット』になぜオフィーリアが登場したのか、という謎を解くことにもなります。

8章　質疑応答に強くなる——臨機応変に受け答えする話術

『ハムレット』をQ&Aバトルとして読む

4章でみた『ハムレット』の動画解説で最後に残された謎は、「なぜオフィーリアとの会話のシーンが入っていたのか」ということでした。プレゼンですから、自分ひとりの上手な語りを追求すればいいと考える方は、不思議に思われたかもしれません。この本をご購読いただいた読者の皆様には、無料動画を見ただけではわからない、オフィーリアが登場した理由をきちんとお教えします。

通常、プレゼンの終わりには必ず、

「何か、質問はありませんか？」

というＱ＆Ａコーナーがあります。つまり、送り手である自分の話が終わった瞬間、それまで聞き手だった観衆とのやり取りが始まるわけです。

この質疑応答のパートで、そのプレゼンの最終評価が決まります。質問者への受け答え次第で、あなたのプレゼンがどのくらい優れていたかが判断されるわけです。

せっかく自分のしゃべりと動きと構成力のスキルを磨いても、最終的に、質疑応答で失敗してしまったら、すべての努力がムダになります。

『ハムレット』の動画は、役者はどのように受け答えをするべきか、質疑応答の見本になるのです。オフィーリアは質問する側、ハムレットはそれに答えるプレゼンターの役となります。

ハムレットはオフィーリアに決意を伝え、これから、相手がどうすればいいのか、決然と伝えます。その結果、ストーリー上では、オフィーリアは自殺してしまいます。相手をそこまで追い込む言動の迫力は、ビジネスでは有無を言わさず、こちらの言うことを聞かせる話術につながります。まずは台本を分析して、『ハムレット』にどのようなＱ＆Ａテクが隠されているのか、明らかにしてみましょう。

台本分析

ハムレットの独白が終わり、オフィーリアが登場するところから解説しましょう。具体的には、

オフィーリア　ハムレット様、このごろいかがお過ごしでございましょう？
ハムレット　よく聞いてくれた、元気だ、元気だ、元気だ。

以降のパートです（3章100ページ以下に記載済み）。

プレゼン後の質疑応答を、戦い＝『Q＆Aバトル』と考える本書の立場から、ハムレットとオフィーリアのやりとりを分析します。ハムレットの一連の質疑応答のスタイルは、最強の対応であり、質問者と戦って、白分のプレゼンを守らなければならない場合の最終手段ともいえるテクニックなのです。

そのことを、順を追って説明いたします。まず冒頭のオフィーリアの申し出を、最初の質問と仮定します。

オフィーリア　ハムレット様、いただいた贈り物をここに、お返しせねばと気になっておりました。どうかお受け取りを。

ハムレット　いや受け取らぬぞ。なにもやったおぼえはない。

質問者の発言を、ハムレットは頭から否定します。ネガティブなインパクトのある質問を受けつけないためです。相手の論点に乗らないばかりか、そもそもそんな話（文脈）はなかったことにしてしまう。そしてハムレットは、とんでもない対応に出ます。

ハムレット　ハッ、ハッ。おまえは貞淑か？

オフィーリア　え？

ハムレット　おまえは美しいか？

オフィーリア　なぜそのような？

質問を受ける立場のハムレットが、まったく関係のない質問を突然、言い放ちます。このように、質問を受けていた立場が逆質問に転じるのは、土壇場で非常に役に立つテクです。そのやり方については、後ほど詳しく説明しますが、論点を変え、説明するサブジェクトを自分の得意な領域に転じさせるために、逆質問はきわめて有効です。

ハムレットの逆質問の連発に対して、オフィーリアも負けていません。負けじと「なぜ」という質問を発します。しかしオフィーリアの質問は、なぜそんなことを言うのか、というハムレットがしかけた土俵に乗ってしまっています。これでハムレットは、自分のコントロール下に、質問者を留めることができます。

とはいえ、オフィーリアもなかなか強者です。ハムレットの論理、美と貞淑の関係に鋭い質問を投げかけてきます。

オフィーリア　美しさには貞淑こそもっとも似つかわしいのでは？
ハムレット　いや、そうではない

ハムレットは、賛同せずに否定します。自分の土俵に引き入れておいて、それに対する本質的な質問は否定する。論点をずらすことによって混乱させ、質問者を揺さぶります。さらに、オフィーリアに冷酷な現実を突きつけます。

ハムレット 以前はおれもおまえを愛していた。

しかし、オフィーリアは質問者として諦めません。新たな自分の得意な土俵、『信頼』に論点を移行させようと、カウンターパンチを発します。

オフィーリア そのように、ハムレット様、信じさせてくださいました。
ハムレット 信じてはならなかったのだ。

しかしハムレットは、今度はオフィーリアの主張する『信頼』すべてを否定し、過去から現在までの関係そのものをなかったことと切り捨てます。オフィーリアの質問には答えようとせず、命令を発するので、相手はさらに混乱してしまいます。

ハムレット　尼寺へ行くがいい、罪深い子の母となったところでなんになる？

尼寺に行けと命令します。もう、オフィーリアの質問には答えようとしません。さらにハムレットは次の攻撃を放ちます。

ハムレット　尼寺へ行くのだ。父上はどこにいる？

未来はこうすべきだと一方的に命令しておいて、今度は相手の肉親がどこにいるのかと、まったく別の質問を発します。オフィーリアの混乱はさらに増します。徹底した揺さぶりです。ついていけないオフィーリアは、ハムレットの質問に健気に答えます。こうして顎が上がってしまったオフィーリアに、ハムレットはとどめの一撃を放ちます。

オフィーリア　はい、家におります。

ハムレット　しっかり閉じこめておくのだな、外に出てばかなまねをしないように。さようなら。

突然の別れの言葉とともに「関係の終わり」を告げられます。家にいる父親を閉じこめておけと言われてわけがわからないオフィーリアへ、関係終了のとどめの一撃が加えられます。

オフィーリア　あのかたをお救いくださいまし、神様！

質問者オフィーリアは、神様に助けを求めるほど弱っています。ハムレットはそこを見逃しません。

ハムレット　どうしても結婚せねばならぬというなら、阿呆と結婚するがいい。

未来を断ち切り、同時に彼女の幸福な未来の可能性をも否定して、相手を潰しにいったわけです。質問者オフィーリアは、質問しても答えぬ存在に助けを求めます。

オフィーリア　神様、どうかあのかたをもとのお姿に！

ハムレット　おれも十分心得ているぞ、おまえたち女は……

と、ハムレットはさらに『女』という大きなカテゴリーで追撃します。それにより、オフィーリアが、助けを求めた先の、『神』との関係を崩壊させます。

ハムレット　……神のお造りになったものにみだらな仇名をつける、ふしだらをしておいて、悪いこととは知りませんでしたなどとぬかす。……おかげでおれは気が狂った。これ以上結婚などは許さぬぞ……

先ほどは結婚の相手について具体的に語っていたのに、今度は、結婚そのものを否定します。再び正反対のことを言い出しました。そして、質問者オフィーリアに宣告します。

ハムレット　……一生そのまま一人でいるのだ。さ、行くのだ、尼寺へ。

一人で行けと、すべてを一方的に終わらせて、ハムレットは退場します。Q&Aの終わりです。質問者オフィーリアを粉々に破壊しました。

オフィーリア　みんな、みんな、おしまい！

と、セリフにも終了マークが出ています。

オフィーリア　ああ、なんて悲しい、昔を見た目でいまのありさまを見るこの身が恨めしい！

と失意のどん底を語った後、彼女は自殺するわけです。Q&Aバトルで、ハムレットは質問者を葬ることに成功しました。極端な例のように感じられるかもしれませんが、Q&Aバトルの格闘技においては、このくらい厳しい決意で質問者や面接官と対峙しない限り、逆にあなたのプレゼンは粉々に破壊されてしまう、そういう厳しい場面が人生には多々あるのです。

さて次は、質疑応答での具体的な『戦う技術』を、順にご紹介していきましょう。

ブレイクQ（BQ）・対質問マニュアル

この章の目的は、プレゼンの最終段階の対応を間違わないようにすることです。プレゼン内容がいかに優れていても、「何か質問はありませんか？」から始まるQ＆Aバトルで思いがけない、凄まじい質問をぶつけられ、すべてがぶち壊される場合があります。

こうした、プレゼンそのものを否定し、壊そうとする底意を隠し持った質問者から、あなたがサバイバルするためのテクをご説明いたします。

これを私は、相手の質問を壊す（ブレイクする）質問『BQ（ブレイク・クエスチョン）』と名づけました。私は30歳代後半の数年間、当時極真空手に所属していた八巻健二師範の下で、空手を学んでいたことがあります。最強である極真空手には、受け技として、内受け、外受け、置く（相手の蹴りを手で置く）、回し受け（相手の蹴りを、膝を回して、長槍を弾くようにかわす）があり、さらに極真空手には『受けてから返す』という複合技があります。例えば、内受けから正拳、外受けから肘打ち、相手の蹴りを置いてからの蹴り、回し受けからの蹴り。受け技と返し技を組み合わせることで、質問を受けて返すのにも、様々なバリエーションが可能となります。どんな相手の質問にも対応できるQ&Aバトルの『技』、それが、『ブレイクQ』です。

話は変わりますが、戦国時代の合戦を描いた映画やテレビドラマで、戦闘開始を告げるシーンといえば、どんなものを思い浮かべるでしょうか？　武士が「やあやあ、我こそは何某」と名乗りを上げる様子でしょうか。実は、現代の映画やドラマには、決して登場しない戦闘開始の合図があります。それが『口撃』です。

当時の鉄砲の射程はだいたい60メートルなので、敵味方は約100メートルの間隔を空けて対峙し、まずは「口撃戦」が始まります。弾は届きませんが、お互いの怒鳴り声は聞こえる距離です。雑兵、足軽たちの罵り合い、罵倒合戦は、それはそれは酷いものでした。人間の奥底に沈む憎悪がすべてこの時に飛び出します。だからテレビや映画には出てきません。しかし現実には、口撃することによって相手への憎しみが増し、兵と部隊の戦闘能力が倍加していたわけです。

ですからQ&Aに臨む前に、見知らぬ観客には、あなたが到底、想像もつかないような、隠れた感情が底にあるかもしれないこと、そんな相手からの質問は口撃と変わらないかもしれないことを、しっかり想定してください。よろしいですか？

具体的なテクニックとしては、あなたが受ける質問には、あなたのプレゼンに対する『気持ち（ＭＩＮＤ）』や『意見（ＯＰＩＮＩＯＮ）』と『質問（ＱＵＥＳＴＩＯＮ）』が混在していますので、対応するには質問者の感情的要素を整理・判断できる、情報の仕分け能力が必要となります。

その方法をこの授業では『ＭＯＱ』と規定し、次のように説明します。

ＭＯＱの考察・査定方法

ＭＯＱは、筆者が週刊誌記者として取材する時に、相手の心や感情、意見をいちはやく把握するために使っているテクニックを、プレゼンの質疑応答に転用したものです。ＭＯＱの関係を三つの円で図示しました。

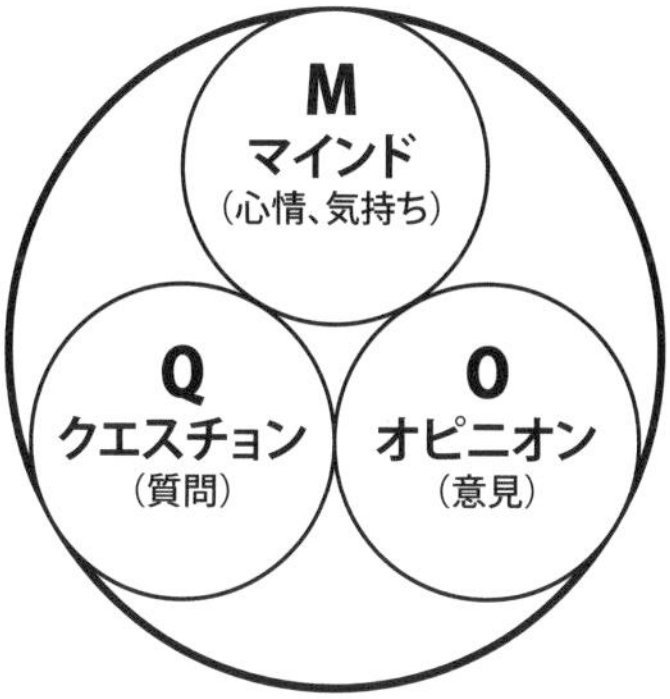

相手の問いかけ

その昔、単発銃が主流だった時代、ペーパーボックスガンという多銃身連発銃がありました。一発撃つ度に銃身をガチャンと回して、次の弾を発射する連発銃です。

MOQの構造はそれと同じで、質問者は三つの銃口で、あなたを狙っていると考えてください。

①M／O／Qの、どの銃口が自分に向いているかを判断します

②MとOとQがそれぞれ、自分に好意的ならプラス（＋）と判定します。逆に反感、悪意、敵意があるならばマイナス（−）と判定します

③質問者は、M／O／Qをどの順番で、自分に対して撃ってくるのか

以上を、相手の質問を聞きながら判断します。

〈ケース1〉感情的な銃口Mが、最初にあなたを狙っていると感じた場合、以下の順番で、心理状況を反映した質問が飛んでくると想定します。

1−1　−M　−O　−Q の順

もしMがマイナスなら、質問者はあなたに対して反感、悪意、敵意があり、O、Q共にシビアなものになることは必至です。次に説明するBQに打って出ることを考え、相手の質問に逆質問する備えにとりかかりましょう。

1−2　＋M　＋O　＋Q の順

Mがプラスで、質問者があなたに好意的ならば、それに続くQとOは答えやすいものになります。それほど心配はいらないでしょう。

〈ケース2〉O（意見）の銃口があなたを最初に狙ってきた場合。
O^{-}ならば、質問者は、自分の意見を言いたいという意向を優先させています。その意見の土台である質問者のマインド、感情がM^{+}ならば、あなたは
「よいご意見をいただき、ありがとうございます」
と返せば基本的にOKでしょう。意見に続く質問も、プレゼンの内容に関する、建設的でまともなものになるはずです。（2―1　O^{-} M^{+} Q^{+}）
しかしM^{-}ならば、おそらくシビアな質問が後に続きますので（2―2　O^{-} M^{-} Q^{-}）
「貴重なご指摘、ありがとうございます」
と答えて、Oに続くQをしっかり聞き逃さないよう、心の準備をしてください。否定的意見O^{-}に続くQ^{-}に対しては、相手が目上の立場である場合、
「ご指摘いただいた点については、まだ不勉強ですが……」
と断って回答を始めるのがいいかもしれません。どうしても理不尽に食い下がってくる場合、
「その点につきましては今後の課題といたします。不勉強な部分をご教示いただき、たい

へん感謝しております。今後ともご指導をお願いします」と答えて、マイナスの意見に一定の歯止めをかけ、プラスの意見が次に来るように布石します。質問者のOを聞いていて、Mのマイナス度合いがかなり深刻だと感じられるようなら、マイナスのQがぶつけられた瞬間、次に説明するBQテクを使って逆質問に出ることを考えてください。

OとQがともにプラスならば、Mも基本的に好意的と考えられますので、ケース1の2と同じと考えて割愛します。

〈ケース3〉Q（質問）の銃口があなたを最初に狙ってきた場合。

あなたに対して前向きな質問Q^{+}が投げかけられ、質問者の感情も基本的には肯定的、M^{+}だと察することができたなら、すぐに好意には好意で応えるようにします（3―1 Q^{+} M^{+} Oはおそらくプラス）。

その反対に、否定的なQ^{-}が最初にぶつけられて、Mも明らかにマイナス、おそらくOもマイナスだろうと思われるケースでは、これから説明するBQテクを使って、質問者と思いきって戦わなければなりません。具体的には次のように対応します。

●Mのマイナスがどれくらい深刻か、その度合いを測ります。
●Oのマイナスを知るために、こちらから逆質問してBQをしかけます。
●そして、「このような質問ですか？」と相手のQを複数にして、Qのマイナス濃度を薄めていきます。

ですから、プレゼンではできるだけ、聴衆の感情、マインド（M）がプラスになるように心がける必要があります。しかし人間ですから、必ずMがマイナスの聞き手が出てしまいます。それに対応するのがBQの技なのです。

まとめますと、『BQの対応手順』は、

1．M／O／Qの3つの銃口のどれがあなたを狙っているか瞬時に判断。
2．そのプラス／マイナスを判断し、マイナスが揃っている場合、その度合いを測る。
3．BQで、相手のマイナスをプラスに転じ、聴衆のマインド（M）をプラスに傾けます。
4．そのためには、マイナスの意見に対してまず感謝を表明し、こちらから相手に逆質問をしながら、相手のQを複数形にするよう、論点をズラしながら答えていくことで、マイナスの度合いを薄めていくわけです。

次に、逆質問のやり方を解説します。

四本の柱

ＢＱができるようになるためには、質問者の発言を瞬時に分析して、Ｍのマイナスがどれくらい深刻か、判定しなければなりません。その方法について解説します。

まず、寄せられた質問事項を次の四本の柱で分析し、どのくらいマイナスかを判断します。

柱１　自分のプレゼンをよくわかった上で質問しているか？

柱２　自分のプレゼンにある程度好意的か、それともはっきり反感、悪意、敵意を抱いているか？

柱３　質問者は自分より地位が上か（偉いか）、あるいは頭がいいか？

柱４　あなたを個人的にどれくらい気に入らない様子か、気に入りそうな可能性はあるか？

相手の質問を、この人格的要素の入った四本の柱で仕分けし、判断材料とします。

もし、あなたが質問者の内容や意図をよく理解できず、仕分けが不十分になってしまう時は、得てして質問者本人もよくわかっていないことが多いので、逆に、こちらから相手の言いたいことが何なのか、逆質問に切り替えて、相手の考えを整理するようにしてみましょう。

質問者が自分でもよくわからないまま質問を発して、マイナスのQになっている場合、こちらが丁寧に対応して、相手の真意や本当に聞きたいことを探りつつ明らかにすれば、とても喜んでもらえます。気持ちをマイナスから、プラスに転向させることが可能なのです。具体的には質問を自分の理解できる範囲内で適当に要約して、

「○○についての質問だったと考えてよろしいですか？」

と相手に聞きます。質問者がそれでいいと言えば、自分なりの理解の範囲で、当たらず遠からず、時間をかけて答えていけばいいわけです。

もし自分の専門外で、まったくわからない領域や不得手な分野の質問が来てしまった場

合も、同じパターンで、今度は要約部分を自分のわかる得意な分野に引き寄せて、「それは○○から見れば○○となる、という理解でよろしいでしょうか」と誘導しながらポイントをズラして聞きます。相手の質問を『いなす』のです。もし、質問者が論点のズレをあからさまに嫌がったら、

「実は、今聞かれた部分が、自分でもまだ不勉強で、不明な部分が多いと気がつきました。ありがとうございます。制限時間もあり、今後の課題とさせていただきたいのですが、よろしいでしょうか？」

と正直に返します。質問者が明らかに目上である場合、また明らかに自分より賢い場合にも、この手でかわすことが可能です。これでもまだ食い下がってくるようでしたら、わからないフリをして、さらに論点を少しずつズラしながら「こういう真意の質問でしたでしょうか？」と逆質問を積極的にくり返して相手を質問攻めにし、時間切れを待ちます。

想定問答集　お手本となる答え方

前節で分類したパターンに沿って、プレゼン後の質疑応答で便利に使える想定問答集を

掲載しますので、返し技としての答え方の参考にしてください。

〈例1〉Qの銃口があなたに向けられている場合、次のようなモデル回答をしてみてはどうでしょうか？

「すみません、あなたのおっしゃられていることが、私にはいま一つわかりかねます」

これは否定を表明しながら相手のQを一度受けて、攻撃を止めるテクニックです。

「すみませんが、もう少しゆっくりとお話をしていただけませんか？」

これはお願い、要請しながらの返し技です。お願いすることによって、こちらのペースを確保します。そして相手が言い直している間に、考えを立て直す時間を稼ぎます。

「えーと、どういうことでしょうか」「つまりはこういうことですね……」「だとすると、次のような場合はどうなのでしょうか？」

など、さらに時間を稼ぐことができる回答の仕方はいろいろあります。その間に質問力を駆使して、相手の意味不明のQを、自分の得意分野へ導くブレイクQを考えます。たとえば、

「これは、私が間違っているかもしれませんが……」

と反省の意を表して、イラついている相手の気持ちを一度落ち着かせて、隙を作ります。

そして、

「間違っているかもしれませんが、あなたが聞きたいのは、このようなことですか？」

質問力によって、プレゼンターから逆質問を返します。これがブレイクQです。

相手が「それでいいです」と言えば、自分の得意な領域に話を誘導しつつ、ゆっくり回答します。

「あなたがお聞きしたいと考えていらっしゃるのは、Aでしょうか、Bでしょうか、それともCについてですか？」

と、相手の聞きたいことを三つなどに細かく分けて、逆質問するのも有効です。こちらから聞くことで、論点をこちらから指定しつつ、議論のポイントを絞り、少しでもこちらに有利なペースに持ち込むのです。ブレイクQの技法による『質問戦』の開始です。

それに対する相手の答えがぼやけていて、切れ味が鈍い場合、時間をゆっくりかけて三つの論点を言い換えながら、答えていきます。

しかし、もし相手が、AとBは違う、Cだけだと明確に返してきた場合、あなたは追い詰められるかもしれません。残された選択肢は一つだけで、もしそれが不得意な分野、よく知らない領域についての質問だったらどうでしょうか。ここはどうしても勝ちを狙うよりも、質問者に勝ちを『譲る』ことを考えてみましょう。

「Cに関して、実は私も少なからず疑問を持っていました。申し訳ありませんが、この場では答えを持ちあわせておりません。理解が足りず、すみません」

と譲ります。これは自分の主張を入れつつ反省を表明し、

「おっしゃる通り、それを説明するには、さらに今後、検討する必要があります」

「今後、この問題について詳細に検討してみます」

「お手数をおかけいたしまして、申し訳ございません」

と謝って終わります。

〈例2〉Oの銃口があなたに向けられている場合

これは簡単です。

「おっしゃるとおりです」「間違いなく、その通りです」

賛同の表明をくり返しましょう。

「貴重なご意見、ありがとうございます」

「ご指摘の意見をいただきまして、私が、次に進むべき、方向性、方法が見えてまいりました。今後もよろしくご指導願います」

と感謝して相手を誉め、持ち上げてアフターサービスをします。

〈例2―2〉Oの銃口が向けられている場合

これは難しいです。終わったばかりのプレゼンに対して、

「あなたの言っていることは間違っている」

と否定の意見表明をされているからです。困難な質疑応答の相手になるのは間違いありません。そこで、ケンカ討論ではなく、相手を尊敬し、批判を手控え、建設的でスマートな討論ができるようにします。

「どの点が間違っているのか、ご教示願えませんか？」

と、下から伺うように尋ねます。上から目線は禁物です。相手が不快に感じ、感情的になっているのなら、その怒りをまず鎮めるように努めます。そして、首尾よく指南を受けることができたら、

「それは、このような意味だと理解して差支えないでしょうか？」

と逆質問します。相手が、「そうだ」と肯定すれば、全否定の一部が肯定に変わった証です。

しかし、一人の質問者の対応に時間を長く取られるのは、プレゼンターには不利です。なので、指摘された間違いの点に対して、

「ご指摘いただいた点に関しては、時間の制約もあり、ぜひどのようにすればよいかご教示いただきながら、取り組んでいきたいのですが、どうでしょうか？　自分の不勉強な点を指摘していただき、感謝しております。今後もご指導、よろしくお願いします」

と相手に感謝します。そして、連絡先を交換してアドバイスを聞き、相手に勝ちを譲ったような引き分けに持ち込みます。

太平洋戦争中、空戦で敵機を計64機撃墜した、大日本帝国海軍・零戦の名パイロット、坂井三郎氏にインタビューした時、

「敵に負けそうな時、勝ちにいくのではなく、引き分けに持ちこむ。これが空戦の極意」

と大空のサムライはおっしゃいました。勝ちにいこうとすると、無理をして結局、負けてしまう。だから相手の勢いをいなして、いったん下がり、引き分けに持ち込むのです。

〈例3〉Mの銃口が向けられている場合

これは、質問者が敵意、悪意を持っている場合です。

「おっしゃっている意味がわかりません」

質問者がケンカ腰で、ガチ反対モードで向かってきたら、この言葉で戦わなければなりません。相手が質問の真意を明確にしようと言い直している、その言葉尻をとらえて、さらに「○○というのは、どういう意味でしょうか？」と逆質問していきます。

相手のマインド（M）のマイナス度合いに軟化の兆しが見えたら、戦術を変えます。

「あなたがおっしゃる通りかもしれません。しかし……」

と相手の肩を持ちつつ、半分受け入れて質問をいなして、反撃開始です。

自分が言わんとしたプレゼンのポイントを、例えば三つ並べます。その上で、どこが間違っているかを質問者に指摘してもらいます。

そして、順に、その意味がわかってもらえるように説明します。時間稼ぎになりますし、プレゼンターの真摯な説明の姿勢は、他の聴衆に好感を持たせます。

そして、質問者の悪意が、他の聴衆を不快にさせていると感じたら、すぐに行動です。

「他の皆様はどうでしょうか？　この点は間違っているでしょうか。私には間違いないと思えますが……」

拍手が起これば、あるいはほかの人が手をあげて割って入ってきたら、質問者以外の聞き手を味方につける可能性が出てきます。第三者を議論に参加させたら、ほとんどのケースで、論点がズレていきますので、こちらはさらに逆質問してQを複数化していけばいいのです。

危険な勝負ですが、プレゼンターは、勝たなければならない時は勝負に出るべきです。質問者を多数の中で孤立させて、撃破します。そんな空気を作ることができなければ、一対一の戦いしかありません。質問者の思い違いや、間違った認識について細かく逆質問して、こちらから追い詰めます。

まったく違う質問で返すのが、あのハムレットスタイルのQ&Aのポイントでした。こちらから攻め続けることで、相手の逃げ場をことごとくなくして潰します。

潰せない場合は、逃げる

〈例4〉Qの銃口が向けられていて、しかもM、Oで質問者のほうが自分より頭がいい場

合
この場合は、ＢＱで相手の質問を潰せないわけですから、いさぎよく逃げましょう。といっても、単純に逃げるのでは自分の評価が地に落ちてしまいます。聞き上手になって、会話を継続させながら時間切れを待つのがうまいやり方です。
私が聞き手をつとめた佐藤優《まさる》氏の『人たらしの流儀』（ＰＨＰ文庫）という本に、絶妙なやり方が紹介されています。お手本は、ドストエフスキー著『カラマーゾフの兄弟』の「大審問官」のところで登場するアリョーシャの『オウム返し話法』です。三人兄弟の三男で、絶対にボロを出さない、性格のいい人物として描かれるキャラクターですが、なぜボロを出さないかというと、「○○ということなんですね？」「××ということなんですか？」という、オウム返ししかしないからです。
「簡単な方法は、相手の言っていることを、適時に反復することです。そうすると、実際には、そのやり取りにおいて、何ら新しい情報をこちらから提供していないのに、会話は成立し、流れていきます」（『人たらしの流儀』１３２ページより引用）
オウム返しの話法の基本は、相手の主張に賛同して、一度乗っかってみることですから、質疑応答で相手が「○○です」と言った場合に、

「〇〇ですか？」

と、相手の言葉をくり返してあげる。そうすると相手は気分よく、「そう、それは……」と畳みかけて説明してくれる。適度なタイミングで、また「××ということですか？」あるいは「えっ、××なんですか！」と、無限ループを時間いっぱいまで続けてください。相手はどんどんしゃべり続けて、すぐに質疑応答の時間は終わります。

これで、その質問者からは逃げることができますが、会場全体からの評価はどうなるでしょうか？　そのオウム返しを「△△ですか！　それはいくらなんでも……」、もう参りました、勘弁してくださいという表情を顔に出しながら撤退戦をやれば、質問者以外から笑いをとることができ、プラスの好感が得られるかもしれません。

あとがき　授業参観6年の感慨

筑波大学図書館情報メディア系　三波千穂美

本書の著者、小峯隆生さんは、筑波大学大学院共通科目「異分野コミュニケーションのためのプレゼンテーションバトル」という授業で、自らの技術や観察眼、感性、経験などを総動員した内容を、ラジオパーソナリティのトークと映画・舞台監督の指導方法で受講者に伝えました。それを文字にしたものが本書です。往々にして、授業を文字にすると、臨場感や躍動感が格段に減少します。それでもこれだけ迫力があるのが本書です。実際の授業がいかにイキイキしていたか、想像してみてください。ちなみに私は、授業担当者に名を連ねており、6年間授業を見てきたので、このようなタイトルであとがきを書いてほしい、と小峯さんに頼まれた者です。

さて、プレゼンが上手くなるには良いプレゼンをお手本に、というのは今さら言うまでもありませんが、映画、舞台、ドラマ、要は「演劇」をプレゼンスキルという観点から見ると、全く新しい景色が見えてくることを小峯さんは力説します。

まずはプレゼンのお手本帳である〝TED〟から、上手いプレゼンと惜しいプレゼンを探し出し分析して、その結果から、ドラマレッスンを受けることの重要性を説きます。

次に、演劇と言えばこれでしょ、とシェイクスピアの戯曲を使ってのレッスンが始まります。教材は『ジュリアス・シーザー』。使う場面は、ブルータスとアントニーがローマ市民に対して行ったプレゼンの場面です。ブルータスはシーザーを殺し、それはローマ市民のためだ、と巧みなプレゼンで人々の賞賛を得ます。しかしその後に続くアントニーのプレゼンは、さらに巧みなプレゼンでブルータスへの賞賛をひっくり返し、謀反人呼ばわりさせるところまで持っていきます。まさに命がけの、失敗は許されないプレゼンです。ここから学べるプレゼンスキルを小峯さんは、まずはシナリオ解析により分析、さらに実際に俳優が演じる場面を分析して、スキルをあぶりだしていきます。つまりシナリオ解析によるコンテンツ分析だけではなく、演劇の、人間の身体を使うのはもちろん、小道具や空間、音、間、キャラ設定などのスキルを、プレゼンに関連させてわかりやすく紐解いていきます。

さらに続くシェイクスピアからの題材は、米軍部隊指揮官学校でのプレゼンから創案した「キャプテン・ハムレット」。米軍部隊指揮官学校でのプレゼンは、アイスブレイク↓結論↓選択肢↓結論という、さすがにムダのない構成です。しかし、これをハムレットを題材に（多少のムリがあっても面白い）オリジナルストーリーを作らせるという課題を授業でやろうだなんて、他の誰が考えつくでしょう（ほめてます）。これにより学生は、自らの持つ創造性をひっぱり出さざるを得ません。

さて、プレゼンにはていねいな構成と準備が必要であることは当然ですが、それは言い換えれば、自分が準備したことをやればいいだけのことです。本当の難関はその後にあります。そう、質疑応答という戦場です。ここで起きやすい失敗を、ハムレットとオフィーリアのセリフのやりとりを用いて説明します。さらに学生には、各々のオリジナルストーリーを語らせた後、記者会見という場を用意し、質問の集中砲火を浴びせます。多くの学生は惨敗しますが、ここで小峯さんは、失敗から学ぶことを推奨します。失敗を嫌う世代に、失敗からいかに多くのことを学べるかを思い知らせるのです……。

では、6年間この授業を見てきた感想を述べたいと思います。最初は小峯さんも手探りでしたし、受講生もなんでこんなことをやっているのか、説明が届かなかったことも多かったようです。とはいえ、先例のない新しい授業が1年目から上手くいくことはそうありません。だいたい、1年目は何とかやりおおせたという疲労感。2年目は昨年の反省は反映させたけれど、まだまだ手探り。3年目はなぜかいきなり全体像がはっきり出現するというか、ばらばらのパーツを構成要素として全体を「構成する」ことができるようになり、一気に授業らしくなります。4年目、5年目はさらに加速度的に内容が充実し、実践をくり返すことで改善点がわかり……今年は6年目。ひとまずの完成形というところでしょう。また、当然ですが受講生は毎年変わります。この授業には彼ら／彼女らの力がかなり大きく影響します。というわけで、この授業がここまで来たのは、有意義だと思ってついてきてくれた受講生のおかげでもあります。

最後に、大学教員として一言。受講生に伝わったものが、いつ彼ら・彼女らの力となるかは、私たちにはわかりません。でも、いつか、あるいはいつの間にか、彼ら・彼女らはそれを自分の力にするであろうことを、私は信じています。

ですから、小峯さん。いや、小峯先生。

呼ばれ慣れていなくても、あなたは先生です。

協力　さいたまネクスト・シアター
スタジオ・ハードデラックス
CAT11
合同会社タックエンターテイメント
衣装協力　東京衣装
撮影協力　学校法人　滋慶学園
東京フィルムセンター映画・俳優専門学校
銃器協力　有限会社　タニオ・コバ
撮影スチール　五十嵐和博
AD　彼島 瑞生
編集　吾奏 伸
撮影　山本秦司
監督・脚本　小峯隆生
製作協力　飛鳥新社

動画出演

『お手本編　ジュリアス・シーザー』
ブルータス／アントニー　松田慎也（さいたまネクスト・シアター）
市民１　清水日向子 (CAT11)
市民２　秋場由香 (CAT11)
市民３　北川千晴 (CAT11)
市民４　比嘉セリーナ (CAT11)

『ハムレット』
ハムレット　竪山隼太（さいたまネクスト・シアター）
オフィーリア　北川千晴 (CAT11)

『テクニック編』
講師　小峯隆生
生徒１　清水日向子
生徒２　秋場由香
生徒３　北川千晴
生徒４　比嘉セリーナ

〈無料完全解説動画のご案内〉

・『お手本編　ジュリアス・シーザー／ハムレット』
・『テクニック編』

「プレゼンチャンネル　コミネ」にて公開中！
https://www.youtube.com/channel/UCHEuS8FI7jEeb6wNSysPrrA

【著者略歴】
小峯隆生（こみね　たかお）

1959年兵庫県生まれ。編集者、作家。
筑波大学非常勤講師、同大学デジタル・コミュニティ・研究グループ所属。
日本映画監督協会会員

最強のプレゼン
５分で聞き手の心を動かす技術

2017年1月27日　第1刷発行

著　者　小峯隆生
発行者　土井尚道
発行所　株式会社　飛鳥新社
〒101-0003 東京都千代田区一ツ橋2-4-3　光文恒産ビル
電話（営業）03-3263-7770（編集）03-3263-7773
http://www.asukashinsha.co.jp

装　幀　Balloon Design
印刷・製本　中央精版印刷株式会社

ISBN 978-4-86410-531-6

編集担当　工藤博海